Caroline Le Flour et Gaëlle Le Louët

La chauve sourit

MON CANCER VA VOUS FAIRE MOURIR… DE RIRE !

LE COURRIER
DU LIVRE
graphic

27, rue des Grands-Augustins
75006 Paris

Préfaces

LÉO
NE JAMAIS RIEN LÂCHER

« L'humour est une déclaration de dignité. L'affirmation de la supériorité de l'homme sur ce qui lui arrive. » Cette sublime phrase de Romain Gary est la réponse parfaite face aux doutes.

A-t-on le droit ? Quand ? Et avec qui ?

Rire du handicap, qu'il soit visible ou non, de la maladie et de tous ces sujets qui nous font peur, c'est leur mettre un coup de poing. On leur fait la peau pour ne pas qu'ils prennent la nôtre.

Dans *La Chauve SouriT*, Caroline nous autorise. Elle livre son parcours de vie, son combat contre le cancer et *spoiler alert*, sa guérison. Drôle, touchante et unique, telle une guerrière revenue de l'au-delà pour nous raconter comment c'était, là-bas. On est bien contents qu'elle soit restée ici !

Philippe Caverivière
Humoriste RTL
et Charlotte Dhenaux
Autrice et comédienne

Caroline nous raconte son combat contre le cancer en mode « chimio t'es happy », comme elle aime à le dire. Grâce à son optimisme et son humour à toutes épreuves, elle nous embarque dans son histoire, riche en rebondissements, et nous dépeint le quotidien, les doutes et les espoirs d'une malade. Même si, aujourd'hui, la majorité des cancers peuvent être guéris, grâce notamment au progrès de la cancérologie, les traitements provoquent encore des effets secondaires aussi bien physiques que psychologiques qui ont d'énormes conséquences sur la vie privée et sociale.

Caroline comprend vite qu'elle doit accepter cette maladie et ses effets mais qu'elle a la possibilité d'agir sur la manière de les surmonter. Elle puise notamment ses ressources dans le rire, l'utilisant comme rempart aux idées noires, comme moyen de protection, de mise à distance, mais également comme levier de communication, d'expression de ses émotions, de libération… Tous les protagonistes de son parcours sont représentés : ses proches, amis, collègues de travail, soignants, médecin, avec un ton décapant, décalé, désinvolte et sensible, donnant à son aventure personnelle une dimension universelle. Comme le disait Georges Duhamel, « l'humour est la politesse du désespoir ». Caroline nous livre un récit drôle, authentique, plein d'espoir et d'empathie.

Docteur Alain Toledano
Cancérologue, fondateur de l'institut Rafaël
Directeur chaire Santé Intégrative Conservatoire
National des Arts et Métiers

« Moi, j'ai pas de cancer,
j'en n'aurai jamais, je suis contre. »

Pierre Desproges

« L'humour est la forme
la plus saine de la lucidité. »

Jacques Brel

« Le rire est une chose sérieuse avec laquelle il ne faut pas plaisanter. »

Raymond Devos

« Rire est bon pour la santé ! »

Auteur inconnu

Introduction

Vous voulez rire et sentir à quel point y'a de la vie, même dans la maladie ? C'est par ici. Je vais vous parler de ce truc que les gens aiment appeler la « longue maladie », pour ne pas la nommer. Par superstition ou par peur de la contagion ? C'était moins une, je vous assure. Une ? C'est moi ou la vie que j'ai failli perdre, allongée dans ma chambre d'hôpital emportée par un cancer.

Lorsque j'ai su que j'étais malade, j'ai choisi de prendre les choses du bon côté. Mais c'est lequel le bon côté ? Rapidement j'ai pris conscience que, si je voulais être ma meilleure alliée, je me devais d'accepter cette épreuve (que je ne pouvais pas éviter), mais que j'avais la possibilité d'agir sur la manière de l'affronter. Alors pourquoi pas en riant ? Le défaitisme ou le pessimisme auraient été des boulets de plus à traîner, des coefficients multiplicateurs de malheurs. J'ai donc choisi de chausser les lunettes de l'optimisme, de l'humour et du rire. Pour moi, un positivisme à toute épreuve pouvait agir comme une amulette, un contre sort, une protection.

Pendant mon cancer, j'ai ri « comme une malade » : de l'annonce du verdict par les médecins, aux réactions de ma famille, de mes amis ; des tête-à-tête avec mes colocataires d'hôpitaux dépressives, jusqu'à l'après-maladie, la reconstruction, la résilience.

J'ai souvent réfléchi au sens que je souhaitais donner à ma vie. Comme si j'allais trouver le panneau « Sens de la vie » et que je n'aurais plus qu'à le suivre. J'en ai empruntés des chemins... J'ai été heureuse, confiante. J'ai eu l'impression d'être déjà passée par là. J'ai été dubitative, en colère, en retard ou en avance sur le planning de ma vie. J'ai suivi la lumière, même si je me suis finalement rendu compte que ce n'était qu'un simple lampadaire. J'ai été jusqu'à essayer de porter ma croix même si je n'y croyais pas. Je me suis aussi demandé pourquoi ? Est-ce que j'ai fait quelque chose pour qu'il m'arrive tout ça ? Pourquoi moi ? Tout est-il écrit ? Tout est-il programmé ? Est-ce le jeu de la vie ? J'ai dû annoncer. J'ai dû affronter. Je me suis demandé : « Et après ? Gagne-t-on un accès illimité à la sérénité ? » Ma vie est devenue pendant quelques mois une véritable scène de théâtre. Tout y était : les émotions, le suspens, la maladresse, l'absurde, l'espoir et le rire, toujours le rire.

Le rire m'a permis de prendre du recul, sans tomber dans le déni, de m'exprimer, d'exorciser, de sublimer. Le rire m'a toujours donné un espace de liberté, de légèreté qui me permet de me ressourcer, d'y puiser de la force, de respirer. En le pratiquant en mode survie, j'ai découvert que le rire est bon pour la santé, que l'humour peut prendre le relais lorsque les situations sont trop difficiles à vivre, à surmonter.

J'ai également éprouvé le besoin de noter tout ce que je vivais dans un carnet, lorsque j'étais en mode sursis, en chimiothérapie. Écrire était une manière de mettre à distance et d'apprivoiser mes peurs, mes douleurs. Rire et écrire sont devenus vitaux et thérapeutiques. Je souhaitais aussi ne pas oublier et partager ces anecdotes à mes proches. Au début, il s'agissait de leur laisser une trace au cas où je ne m'en sorte pas, au cas où je ne passe pas le cap, un témoignage posthume humoristique. Je voulais leur raconter comment j'avais vécu et perçu cette épreuve. Leur faire partager à quel point j'avais ri. Et surtout, je souhaitais les faire rire.

De ces écrits est né le *one woman show La Chauve SouriT*, que je joue dans toute la France depuis 2018. En interprétant ce seule-en-scène, j'ai découvert, grâce aux retours du public, touché ou non par la maladie, des proches, des aidants, des soignants – « hilarant », « décapant », « drôle et profond à la fois », « génial », « inspirant », « culotté », « émouvant » –, que ce témoignage de résilience singulier devenait une histoire inspirante et universelle. J'ai découvert la puissance du rire ensemble qui permet de rompre l'isolement, d'accompagner les malades, leurs proches, sensibiliser le grand public, inciter au dépistage, provoquer l'échange sur un sujet encore trop tabou. Le rire permet de fédérer, créer du lien, dissoudre le jugement, ouvrir les cœurs tout simplement.

Avant la sortie de mes deux premiers ouvrages, *Le Complexe du trampoline* et *Résiliencez-vous !*, j'avais déjà l'envie de proposer une BD, adaptation du spectacle, à la demande du public lui-même, pour prolonger l'instant de complicité partagé, mais également afin de toucher plus de monde.

Il est donc devenu évident pour moi de créer cette BD en utilisant les répliques fortes du spectacle sous forme d'illustration, en y ajoutant des anecdotes inédites et croustillantes, pour que le message puisse être à la fois humoristique, impactant et transmis de manière divertissante et ludique.

J'ai tout naturellement choisi de collaborer avec Gaëlle Le Louët, l'illustratrice de ma précédente BD. L'alliance de son trait doux, sensible et de mes textes incisifs et décoiffants me semble très juste.

Depuis les premières épreuves de ma vie, résiliente multirécidiviste que je suis, après un burn-out, un cancer, une infertilité (et j'en passe…), je n'ai jamais eu de cesse de rire, d'écrire et transmettre.

Je suis donc comblée de vous laisser à présent découvrir ce nouveau-né qui vous fera, je l'espère, aimer encore plus la vie et surtout rire… à en crever !

Nous sommes réunis aujourd'hui pour dire un dernier au revoir à Caroline. Si vous êtes ici, c'est que Caroline a marqué votre vie d'une manière ou d'une autre. Vous l'avez aimée, vous l'avez soutenue, mais tout cela n'est plus, car Caroline n'est plus. Je vous propose à présent de vous recueillir une ultime fois pour honorer sa mémoire.

Pas mal comme enterrement, nan ? Enfin, s'il avait eu lieu. J'avais tout orchestré : éclairage, son, musique, ambiance, etc. C'est le côté fun quand tu es malade, tu peux tout préparer en avance, au cas où. Tu peux même pousser tes proches à faire une répétition, si tu veux. Ceux qui meurent comme ça, sans crier gare, ils ne peuvent pas gérer l'après. Dans la précipitation, ça peut vite virer aux gobelets en plastoque chez Flunch et les Gipsy Kings en fond musical. Avec une ambiance de merde à ton enterrement, c'est ta mémoire qui trinque derrière.

Caro, tu es sûre que tu veux commencer cette BD par une cérémonie funéraire ?
Ça n'est pas un peu plombant ?
Pourquoi pas ? On dit que les trente première secondes sont importantes quand on rencontre quelqu'un. Alors pourquoi les trente dernières ne le seraient pas tout autant ?
Mettons les pieds dans le plat ! On va justement parler de ce truc que les gens appellent la looongue maladie !
Oui, le cancer, en fait ?
Voilà ! Souvent aux infos, on dit ça : « Il est mort des suites d'une longue maladie » parce qu'on a peur de dire : « Il est mort d'un cancer » et que les gens zappent pour regarder autre chose.
C'est vrai...
Quand Michel Berger est mort, ils ont annoncé : « Michel Berger a succombé à un arrêt cardiaque », ils n'ont pas dit : « Michel Berger nous a quittés des suites d'une très très courte maladie. »
« Crise cardiaque » ne fait pas peur alors que « cancer », si. Pourtant, t'es mort pareil, t'es mort autant !

Alors évidemment, si je suis là pour vous parler, c'est que les choses ne se sont pas terminées comme ça. Du moins pas encore.

Vous voulez un petit résumé de mon parcours ? Ou plutôt de mes galères en série ? Alors, vous allez voir, j'ai pris cher. Âmes sensibles, s'abstenir ! Voici mon palmarès.

Engagée dans l'armée à 19 ans.
Bon, là, j'étais volontaire.

Burn-out à 28 ans.

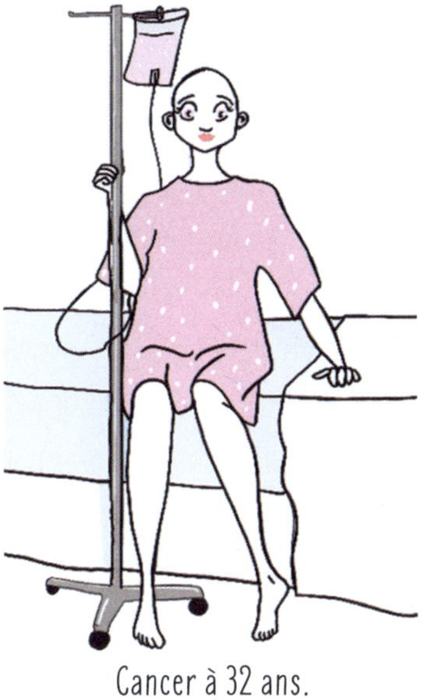

Cancer à 32 ans.

Infertilité déclarée à 36 ans.

Et j'en passe… Bilan ? Eh bien… Une belle vie de merde, j'ai envie de vous dire, #viedemerde. Un palmarès pareil ça plombe toujours un peu l'ambiance, je vous l'accorde. Parfois ça peut calmer sévère, voire même faire fuir direct.

Salut ! Moi, c'est Caro ! Enchantée !
Salut, ça va ? Grégoire, 38 ans, HEC, Polytech, triathlon, hyper bien dans ses pompes.
Caro donc, 39 ans, burn-outée de la vie, cancéreuse en rémission, ovaires avec date limite de péremption dépassée, totalement paumée.
ROCK

Enfin parfois, c'est très utile et efficace face à un gros lourd, par exemple.

Ah bah, on n'échange pas nos 06 ? Je fais très bien les crêpes ! J'ai des objets à caractère sexuel… Non ? Pas de regret ? Bon bah, bonne route… Et surtout bonne chance !
ROCK

Franchement, t'es trop bonne !
Comment, pardon ? Laisse tomber, je ne t'entends pas, la musique est trop forte.

Est-ce que tu veux qu'on va écouter mes MP3 de Maître Gims malgré que je soille garé loin, comme ça, tu verras ma caisse.
Merci… Avec plaisir… En revanche, j'ai un cancer et j'ai plus d'ovaires…
…
Les ovaires !? Tu sais, c'est dans le corps de la femme. Bon, tu vois mon verre ? Eh bah, les ovaires c'est là, juste au-dessus de la… !

Je vous partagerai plus loin dans mon récit ma vision des « trucs de bien » dans le cancer. En attendant, je vous propose de continuer d'apprendre à me connaître.

Je peux vous aider ?
Ce n'est pas parce que je suis une femme que je ne peux pas le porter moi-même !
1. Je suis une femme moderne,
Je sème à un point qui n'en est pas un, que même les i de l'infini ne connaissent pas.
2. amoureuse transie de mon mari Youenn,
T'as pas 50 balles ?
3. une belle-mère comblée,
4. sportive,
5. zen.
Bon bah... Hic... Je suis à la moitié de ma vie, ça, c'est fait... Hic !
40 ANS
6. J'ai 40 ans et je le vis super bien... Enfin... presque !

7. J'adore les apéros entre amis (il y a toujours quelque chose à fêter).

Et si on fêtait ça ! Oh non, et si on fêtait qu'on fêtait ça !
C'est la première fois qu'on termine la deuxième bouteille après 23 heures, yooouuuhhh...
J'ai retrouvé ma deuxième chaussette assortie ! Youhhh...
La bouteille est finie ! Youhhh...

8. J'aime changer la couleur de mes ongles chaque semaine.

9. J'adore commérer avec ma sœur et ma mère en terrasse d'un café.

10. Mon péché mignon : la guimauve.

12. J'adore écouter les albums de Ben Mazué, mon chouchou.

moi

11. Je suis la n°5 d'une fratrie de 6 enfants.

Voilà, maintenant, vous me connaissez.

Burn-out mode d'emploi

Avant que mon cancer soit diagnostiqué, voilà à quoi ressemblaient mes journées.
À l'époque, j'étais une jeune cadre dynamique.

Réveil à 4 h 00.
Lavée, habillée, dépoilée et caféinée à 4 h 45.
4:45
Travail à domicile jusqu'à 7 h 00.
Départ pour la tour de la Défonce...
euh, la Défense à 7 h 00.

J'ai fait le compte rendu de la réunion qui visait à déterminer de combien de réunions nous avons besoin pour décider de la prochaine réunion !

- ✓ Arrivée au boulot à 7 h 45.
- ✓ Traitement des mails, *check*.
- ✓ Bonjour, « Ça va ? Ça va. » aux collègues, *check*.
- ✓ Sourire au manager qui passe la tête dans l'open space, *check*.
- ✓ Réunionite aiguë, *check*.

- ✓ Compte rendu de réunion, *check*.
- ✓ Déjeuner, *check*.
- ✓ Poursuite du travail, *check*.
- ✓ Poursuite du travail…
- ✓ Poursuite du travail…
- ✓ Journée au bureau terminée, *check*.

- ✓ Retour chez moi, *check*.
- ✓ Session de travail à l'appartement, *check*.
- ✓ Dodo.
- ✓ Réveil à 4 h 00, *check*.

Je ne remarquais même plus quand le soleil se couchait ou se levait.

BIIIP
BIIIP

Épuisée, je décidai de prendre mon courage à deux mains et de demander un rendez-vous avec ma manager, Nathalie. Comment vous dire... C'est le croisement entre Hitler et Hannibal Lecter qui bosserait pour Daesh. Tout ça, dans le physique de la blonde de la matinale de BFM Business.

Nathalie, je souhaite t'alerter sur ma charge de travail. Cela ne peut plus durer. Je fais le boulot de quatre personnes.
Je comprends que tu aies des doutes sur tes capacités, ça arrive. Alors, que pouvons-nous faire pour que tu reprennes confiance en toi ?
J'ai pas de problème de confiance en moi.
Caroline... Connais-tu le *Titanic* ?
Eh bien, j'ai l'impression qu'en ce moment tu es plutôt l'iceberg, alors que j'avais vu en toi un capitaine. Mais si tu penses que tu n'en as pas l'étoffe... Je ne te cache pas ma déception.
Oui... ?

Bon là, j'aurais pu me lever et lui coller une grosse tarte dans sa gueule de connasse. J'ai franchement pensé qu'elle était rémunérée pour me coller un burn-out et même qu'elle aurait une prime de 25 k€ si je me suicidais dans la semaine. Je ne voyais pas d'autre explication.

Je vais me la faire !!!!

Mais je me suis dit que ce n'était pas très *corporate* et que ce n'était pas la meilleure solution pour garder mon emploi. Surtout que je sortais d'une formation à 2000 euros la journée sur la gestion des conflits et la Communication NonViolente ! Je suis donc retournée gentiment à mon poste de travail et je me suis remise à travailler.

Salut sœurette ! C'est Cathy. T'es où ?
Je suis chez moi devant la télé.
Ah ! Je préfère ça. J'ai eu peur que tu sois encore au boulot ! Ça va ?
Oui, ça va nickel, t'inquiète…
On se voit ce week-end comme prévu. Bibi, *sister* !
Oui, on fait comme ça.

Je me suis sentie super mal de mentir à ma sœur comme ça. Elle qui a toujours été présente pour moi. Nous qui nous sommes toujours soutenues face à l'adversité. « Sister power » comme on aimait se le dire. Je lui mentais à elle, mais je me mentais surtout à moi-même, sur mon niveau d'épuisement notamment. Cette attitude me prouvait bien que je perdais totalement pied.

À cet instant précis, le temps s'est figé. Depuis l'entretien avec Nathalie, une seule pensée m'obsédait : que ça s'arrête. Il fallait absolument que ça s'arrête. Mes jambes se sont mises à trembler, je me suis levée, j'ai robotiquement cherché à savoir comment les baies vitrées s'ouvraient pour sauter et faire en sorte, une bonne fois pour toutes, que tout se termine. Aussi dingue que cela puisse paraître, je n'étais pas encore en dépression et pourtant, si j'avais pu les ouvrir, je me serais suicidée.

Heureusement, je suis revenue à moi. J'ai fermé mon ordinateur. J'ai ramassé mes affaires à toute vitesse et je me suis sauvée.

Dès le lendemain, je suis allée voir ma psy qui m'a écoutée longuement et m'a demandé si j'étais concernée par les symptômes suivants. (Désespérée et désorientée que j'étais, je me suis prêtée à l'exercice.)

À moi de jouer ! Il ne me reste plus qu'à cocher !

- ✓ Émotionnels : fatigue psychique et émotionnelle, stress, anxiété, angoisses, hypersensibilité, irritabilité, culpabilité, variabilité de l'humeur, tensions...
- ✓ Cognitifs : troubles de la mémoire, de l'attention, de la concentration, de la compréhension, de l'organisation, de la planification et de synthèse, fatigabilité...
- ✓ Comportementaux : impatience, repli sur soi, perte d'envie et de plaisir, réactions phobiques en lien avec le travail, impulsivité, hostilité, comportements addictifs...
- ✓ Motivationnels : perte d'entrain, baisse ou absence de motivation, désengagement progressif, doutes quant aux compétences professionnelles, dévalorisation...
- ✓ Physiques : douleurs diffuses, symptômes variés, fatigue que le sommeil ne répare pas, maux de tête, vertiges, troubles du sommeil...

Elle m'a ensuite expliqué que si je cochais plus de trois cases, je pouvais en conclure qu'il était grand temps d'agir et de me faire aider. J'avais donc gagné le droit de continuer à consulter ! Elle m'a ensuite signifié que les manifestations émotionnelles, cognitives, comportementales et motivationnelles du burn-out sont souvent masquées par le déni. C'était mon cas en effet. En résumé voici en quoi consiste le déni face au burn-out :

Tu te vois comme ça :

SUPER WOMAN

Alors qu'en fait, t'es comme ça :

Je suis la femme de la situation !
Je crois qu'on est en train de la perdre !

Je m'en suis sortie grâce à ma sœur, qui a provoqué un déclic chez moi, et à cette psy qui m'a permis de prendre conscience de mon état. À l'époque, je nourrissais la croyance que si je refusais les missions que ma manager me donnait je serais détestée, dévalorisée, rejetée. Mais c'est le contraire qui s'est passé. Face à une responsable malveillante, j'étais devenue corvéable à souhait.

Dès le lendemain, j'ai alerté ma hiérarchie pour que ce comportement toxique soit stoppé. Deux jours après, c'est moi qui ai été arrêtée par mon médecin, « burn-outée » que j'étais. Pendant quelques semaines, je n'ai pas été capable de grand-chose, telle une machine qu'on venait de débrancher.

Puis, j'ai entamé un suivi thérapeutique notamment afin de comprendre les raisons pour lesquelles j'avais été une candidate parfaite au burn-out, un petit soldat en quête de reconnaissance. J'ai pu ensuite me reconstruire progressivement. J'ai appris à écouter mes besoins, à m'affirmer, à me dire oui à moi-même plus souvent.

Je suis aussi devenue une pro en détection de relation toxique !

Cancéreusement vôtre

Je profite de pouvoir faire un clin d'œil dans cette BD : je n'ai jamais su le faire dans la réalité, alors que c'est trop stylé !

Heureusement, pour me rappeler qu'il y avait plus grave dans la vie, un cancer m'est tombé dessus. D'ailleurs, petite parenthèse sur cette expression, « tomber malade » : vous ne la trouvez pas bizarre ? Est-ce que c'est toi qui tombes malade ou est-ce que c'est la maladie qui te tombe dessus ?

En revanche, pour tomber enceinte, il faut à un moment ou un autre tomber sur quelque chose, non ? Ça, on en reparlera.

Je vous passe les détails de la période où tout le monde suspecte qu'il y a un truc qui ne va pas chez toi. Toi la première, d'ailleurs.

T'as l'air vraiment crevée, la frangine ! Qu'est-ce qui se passe ?
J'ai une sale tête, donc !

Moins 10 kg en 1 mois, c'est louche, surtout si tu manges comme quatre.

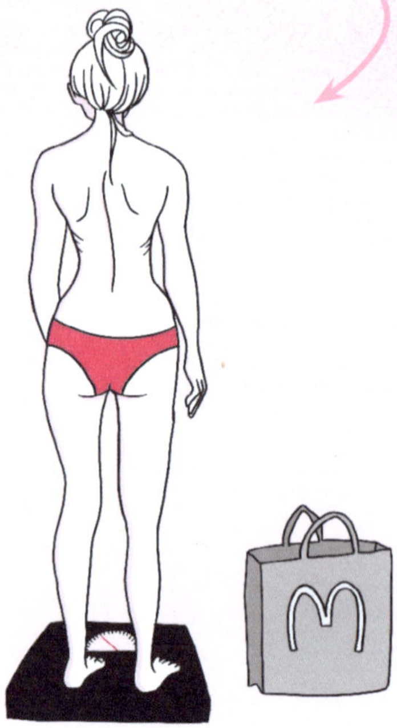

Être essoufflée en montant les deux étages qui te mènent à ton appart et te faire doubler par la vieille du troisième que tu n'as jamais vue marcher avant !

Avoir le cœur qui palpite pour un oui ou pour un non.

C'est pour moi que ton cœur bat la chamade ?
Oui, mon amour !
Euh, bah non, en fait. Je ne comprends pas ce qui se passe !

Je suis allée voir trois médecins différents. Le premier m'a dit :

Ça va passer. Ça fera 50 euros, s'il vous plaît.

Le deuxième m'a dit :

Je vous conseille de retourner voir le premier. Ça fera 70 euros, s'il vous plaît.

La troisième m'a dit :

Je pense que ce n'est rien et que ça va passer, mais je vais tout de même vous prescrire un bilan sanguin.

Elle a eu du nez, cette docteure. Je commençais à me dire que, si ça continuait comme ça, c'était moi qui allais y passer. Comme disait Coluche : « Avec le temps qu'ils perdent, le mec, il est mort d'autre chose. » Bref, le soir même, j'étais hospitalisée en urgence.

J'ai d'abord passé une radio des poumons.

CENTRE DE
RADIOLOGIE

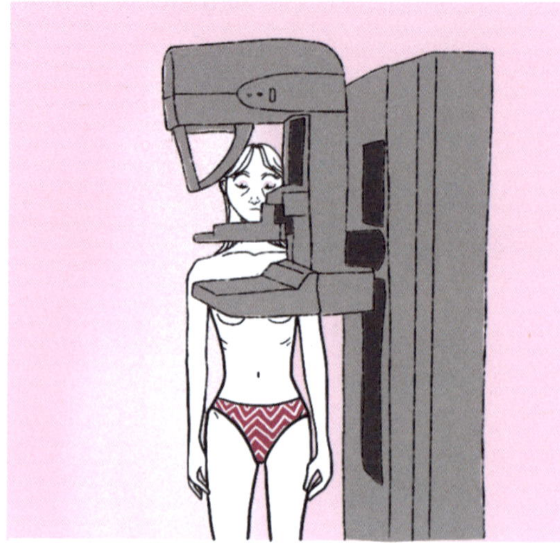

Ensuite, j'ai dû patienter dans le box des résultats.

RÉSULTATS

C'est là que j'ai découvert un cliché. En le voyant, je me suis dit :

Oh ! Putain, j'aimerais pas être à la place du gars. Pas besoin d'être médecin pour voir qu'y a un truc qui déconne. Il a un troisième poumon ? Ou un deuxième cœur ? Bref, une grosse masse.

Et pendant que je regardais ça, le radiologue s'est pointé avec un verre d'eau et un mouchoir. Pour moi !

D'un coup, tu prends conscience qu'ils ne t'ont pas fait entrer pour te demander ce que tu penses de la photo... Tu réalises que...

Genre, tu joues au Docteur Maboul, mais il y a une pièce en trop.

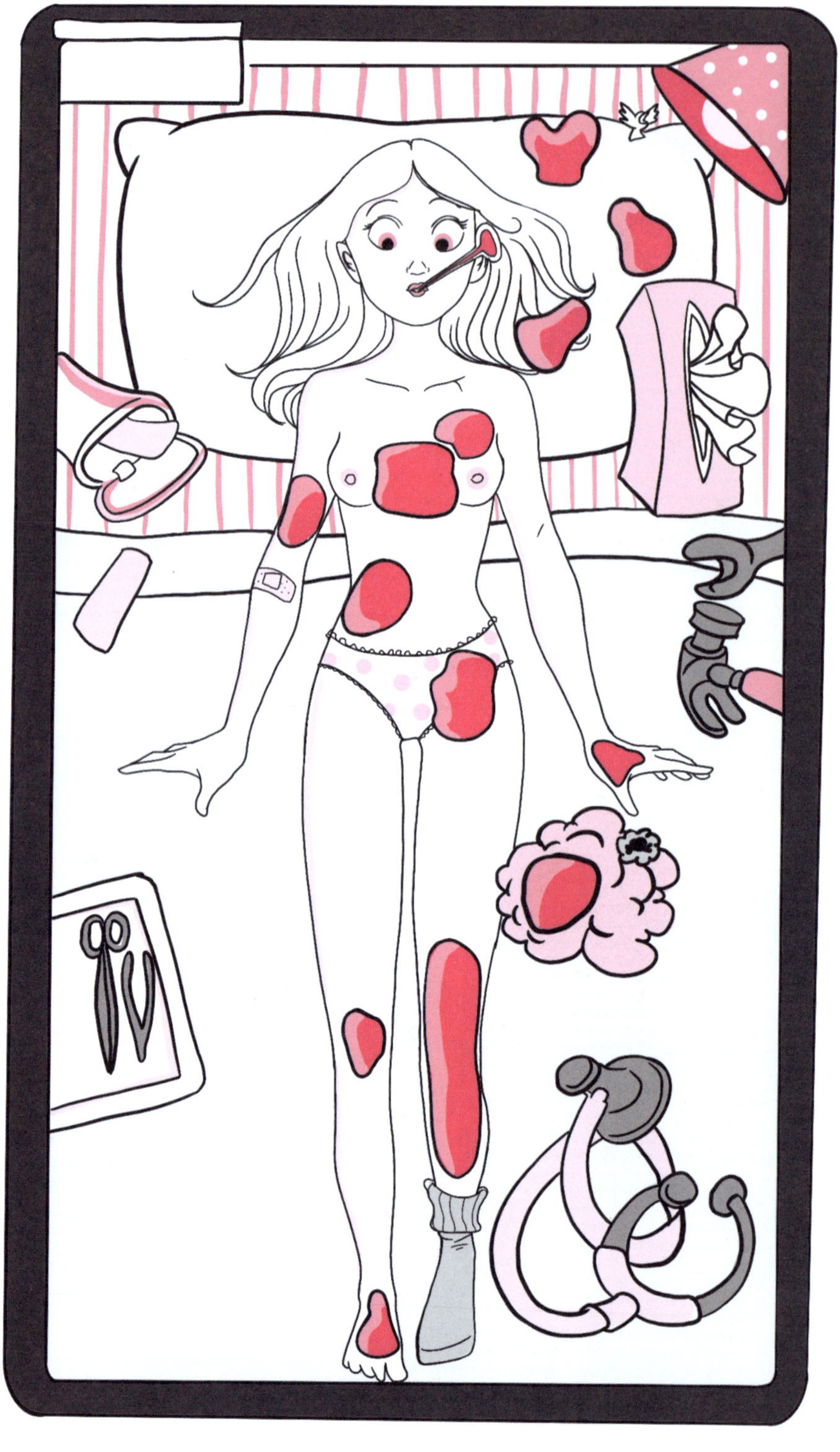

Après un scanner...
J'espère qu'il y a de la lumière au bout de ce tunnel.
... je me suis retrouvée dans une chambre d'hôpital individuelle. Après coup, j'ai compris que c'était un gros indice. En général, pour avoir une chambre individuelle, faut pleurer deux jours à l'accueil ou avoir une bonne mutuelle. De toute façon, ça n'est jamais bon signe quand t'as un mec qui te regarde comme ça...
Euh.... Je vais chercher l'interne.
Michel ? On a un gros problème à la 12.
12
??
Un problème ?!

Et soudainement, un médecin et cinq étudiants entrent dans ta chambre.
Oh… ça sent le sapin cette histoire…
12
Bon. Nous n'allons pas tourner autour du pot, selon vos examens, vous avez une masse de la taille d'une orange.
Euh, chef, moi je dirais plutôt de la taille d'un pamplemousse, non ?
Ah oui, dis donc ! Pas faux ! Ou plutôt d'une pastèque ? Ou d'un melon ? Oui, c'est ça, un melon !
Salade de fruits jolie jolie jolie

La circonférence d'une orange, d'un pamplemousse, d'une pastèque ou d'un melon ne m'aura jamais autant intéressée qu'à cet instant précis de ma vie.

Donc ?
Tumorale ? Non, on dit : « Tu as le moral ! »
C'est une masse tumorale.
12
C'est un cancer, mais nous ne savons pas s'il est malin ou pas.
Je peux déjà vous dire qu'il l'est, parce que je ne l'ai pas vu venir, cet enfoiré !
Mais ne vous inquiétez pas, il existe un grand nombre de cancers et ils sont tous très différents. Certains sont plus bénins que d'autres.
Super, donnez-moi le catalogue que je choisisse !
Nous allons d'abord procéder à une ponction d'une partie de la masse pour déterminer sa nature.

Bing, mes réflexes de collège me sont revenus, direct. J'imaginais ma prof de français me dire :

cours de latin
sum
es
est
sumus
estis
sunt
«Tumoral», du latin *tumora* qui signifie : «Tu mourras ou pas, on verra !»

Bon bah, qu'est-ce que je fais de ça, moi, maintenant !??

J'ai tenté de me préparer un peu au verdict final.
Le temps de me prendre une bonne dose de cortisone pour freiner l'évolution de la masse.

Le problème, c'est que j'avais l'impression que la cortisone n'agissait qu'au niveau de mon visage.
On dirait une sucette Chupa Chups !

Pour pallier les effets secondaires, on m'a donné d'autres médocs. Eux-mêmes produisant des effets secondaires. Au bout d'une semaine, il n'y avait plus de place sur ma nuisette de compète pour afficher tous les noms de mes sponsors.
Je ne vous promets pas d'être la première, mais j'aimerais au moins passer la ligne d'arrivée !
IL FAUT QU'ELLE PRENNE TOUTES SES PILULES, LA PETITE DEMOISELLE. C'EST POUR VOUS AIDER À DORMIR. SI VOUS VOUS RÉVEILLEZ EN HALLUCINANT, C'EST NORMAL !
Pas besoin de hurler ! J'ai pas un cancer des oreilles !

C'est lors d'une crise d'hallucination nocturne que je me suis mise à fantasmer sur le concept de la roue qui tourne. Il implique qu'après une période de galère, tu récoltes un bonheur à la hauteur de ce que tu en as chié. Ça m'a beaucoup aidée.

Bonheur
Galère

Je m'étais tellement conditionnée que le jour du verdict, je me disais :
Vas-y ! Amène-toi ! Après un burn-out, un cancer, ça va être la folie ! J'vais tout péter, là !

C'est comme ces jeux vidéo où on te donne un objectif et, quand tu l'as atteint, tu gagnes des vies.

Alors, quand la professeure est entrée dans ma chambre pour m'annoncer le verdict, j'étais prête. Au niveau de mon suivi médical, j'étais déjà passée de médecin à professeure en un week-end. J'avais gagné trois niveaux, c'est parlant.

Eh bien, comme qui dirait, nous sommes contents. Vous avez tiré la bonne pioche, si je puis dire !
Je veux dire que vous avez le moins pire. Disons que si vous aviez eu à tirer au sort, il valait mieux avoir celui-ci, vous voyez ?
? ?
Attendez voir... Pronostic vital : c'est pile ou face ! Cinquante-cinquante, quoi. Taux de récidive : ... % [incompréhensible]. Temps de traitement : neuf mois de chimio. Il faut savoir que ce type de cancer touche spécifiquement les jeunes de votre âge.
Yes ! *Yes* ! Moi qui commençais à angoisser sur l'arrivée de la quarantaine, ça me remonte le moral, dites donc.

Donc neuf mois de chimio ! Et si tout se passe bien, on n'en parle plus !
Enfin, je veux dire, on vous revoit plus !
Enfin, je veux dire, c'est terminé !
Enfin, vous vous en sortez, quoi !

Ma maladie était un lymphome diffus à grandes cellules B !
Ça claque, hein ? T'as tout de suite l'air intelligent quand tu dis ça ! Non ?

Juste après l'annonce de la maladie, mon hématologue m'a proposé de bénéficier en urgence – ou de subir, comme vous voulez – d'une ponction de mes ovocytes avant la première chimio. L'idée était de congeler les ovocytes disponibles dans mes ovaires au moment de la ponction, afin que ceux-ci ne pas soient dézingués par les traitements. Pour me permettre, plus tard, de poursuivre mon projet de maternité. Mettre mes Findus au congélo ? J'ai accepté.

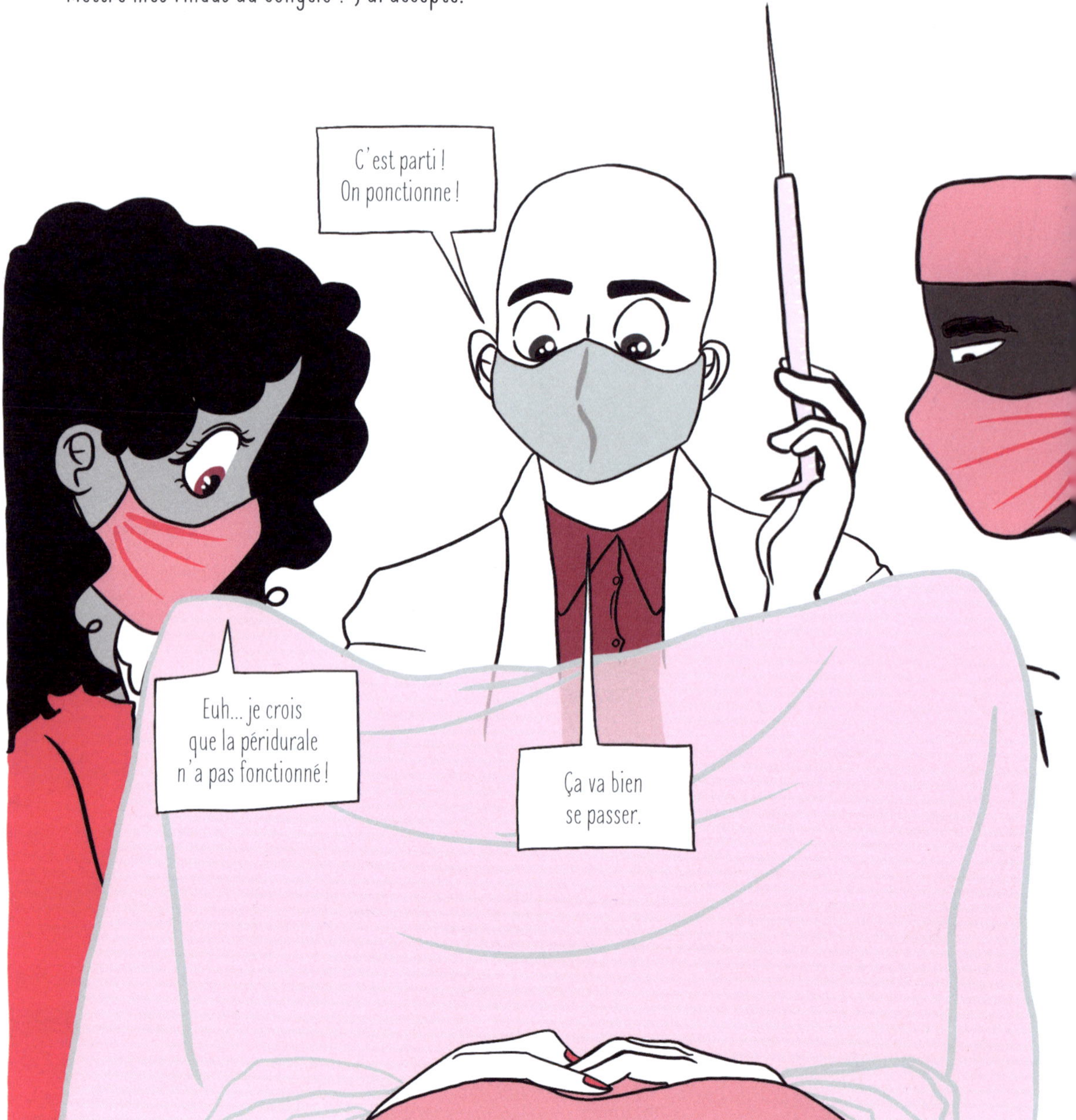
C'est parti !
On ponctionne !
Euh... je crois que la péridurale n'a pas fonctionné !
Ça va bien se passer.

Je vous confirme que cette ponction, contrairement à la douceur que ce mot peut évoquer à l'oreille, a été plus que rock and roll ! Mais bon, une fois faite, cela me permettrait de me concentrer sur le combat contre la maladie sans me soucier des problèmes de fertilité que cela pourrait engendrer.

Ça, c'était fait.

À l'annonce du cancer, tu commences à voir plus clairement le planning des réjouissances : la mort. Il te reste peut-être un an à vivre. Mais ça, à la limite, tu l'acceptes très vite. Ce qui est vraiment traumatisant, c'est que tu visualises aussi très vite que tu vas devenir chauve. Et ça, ça… ça te fait vraiment flipper.

C'est vrai. À 6 ans, une petite fille, elle commence à accepter l'idée de la mort, mais elle n'a pas besoin d'accepter l'idée d'être chauve. On n'apprend pas aux petites filles à être chauves. Prenez *Raiponce*, le dessin animé de la fille avec une tresse de 15 mètres de long coincée en haut de sa tour.
Bah, je peux rien faire pour toi, là ! *Sorry* ! À plus dans le bus !

Sans cheveux, y a plus d'histoire.

Petite question : qui est chauve dans un film ? Alors ? Le méchant ! Bah oui, en général, c'est le méchant qui est chauve dans un film.

Lex Luthor
Méchant de *Mars Attacks!*
Voldemort
Dark Vador ! Si, quand il enlève son casque, il est chauve !

Quand j'ai su que j'allais perdre mes cheveux, je me suis dit : « Oh putain merde fait chier bordel de cul à queue de pine de zobe de merde », et encore, je suis polie. Alors, quand tu croises une personne qui minimise ton problème, tu peux ressentir comme une légère irritation :

Non, mais Caro, les cheveux, c'est rien.
What ? Non, mais c'est une blague. C'est toi qui me dis ça ! ? Tu veux que j'approche une tondeuse de ta chevelure, Boucle d'or ?
Moi, mes cheveux, c'est mon capital féminité, meuf.

Sérieusement, blonde aux yeux verts, sans cheveux, ça fait : « Euh... aux yeux verts ». Sur Meetic, ta photo de profil, même cadrée de très près, ça passe pas. Et même si ça passe, faudra bien aller au premier rendez-vous. Ça risque de se voir.

Je suis chauve parce que j'adore mettre des perruques pour changer de style... Pas toi ?

Même s'il est très limité, le mec va se douter de quelque chose. Non ? Je n'étais pas célibataire à l'époque, mais ça me faisait rire d'imaginer cette situation pour mes potes cancéreuses qui essayaient de pécho !

Quand j'ai appris mon cancer, donc, j'étais en couple depuis cinq ans. Mon amoureux était très gentil, passionné et très impliqué...

...dans sa vie professionnelle.

Il arrive à 15 h 00...
Enfin, 15 h 15...
15 h 30 ?
Il va arriver...
Il a dit qu'il venait.
Il est juste en retard. Vous avez déjà de la chance qu'il ne vous ait pas quittée !

Parfois, tu te sens plus que cancéreuse. Tu te sens cancérigène. Limite contagieuse...

Votre repas est servi !
Ah ! Bah oui, il est déjà 17 h 30.
Super, merci, je voudrais pas rater la jardinière de légumes... Tiède...

Il était vraiment présent dès qu'il le pouvait.

Désolé, j'ai été retenu au bureau. En ce moment, c'est vraiment un truc de malade ! J'arrive dès que je peux. Ça va, toi ?
Bah, pareil, un truc de malade...

Voilà comment je me sentais parfois...

Oui, il faut absolument qu'on se cale une réunion pour déterminer les budgets à allouer aux modifications techniques...

Pour en revenir à mon souci capillaire, quand j'ai su que j'allais perdre mes cheveux, j'ai décidé assez rapidement d'adopter la boule à zéro. Cette décision a d'ailleurs été motivée par un rêve que j'ai fait : je travaillais en open space. C'étaient des bureaux ouverts où cent personnes travaillaient avec moi toute la journée. Et d'un coup, tous mes collègues se sont mis à me regarder avec pitié.
Et ce n'est qu'à la fin de la journée qu'une de mes collègues me dit :

Caro !! Ta perruque ! Elle est totalement de travers depuis ce matin... On dirait un Playmobil mal clipsé.
AH-AH !
AH-AH !
AH-AH !!

Après ce grand moment de chauvitude, me raser la boule à zéro ? Trop facile.
J'ai donc organisé... une rasage party ! Une soirée à thème, en mode cancéreuse ! Le principe ?
Tu invites quelques potes, tu débouches une bouteille et c'est parti mon kiki, relooking party !
Mon petit frère Seb est venu se faire raser la tête avec moi pour me donner du courage,
et ma soeur, Cathy, a appelé un pote barbier. Je ne les remercierai jamais assez.

MOËFF

À ma grande surprise, je me suis trouvée magnifique !
Je me suis sentie très féminine, hyper glamour et rock and roll !

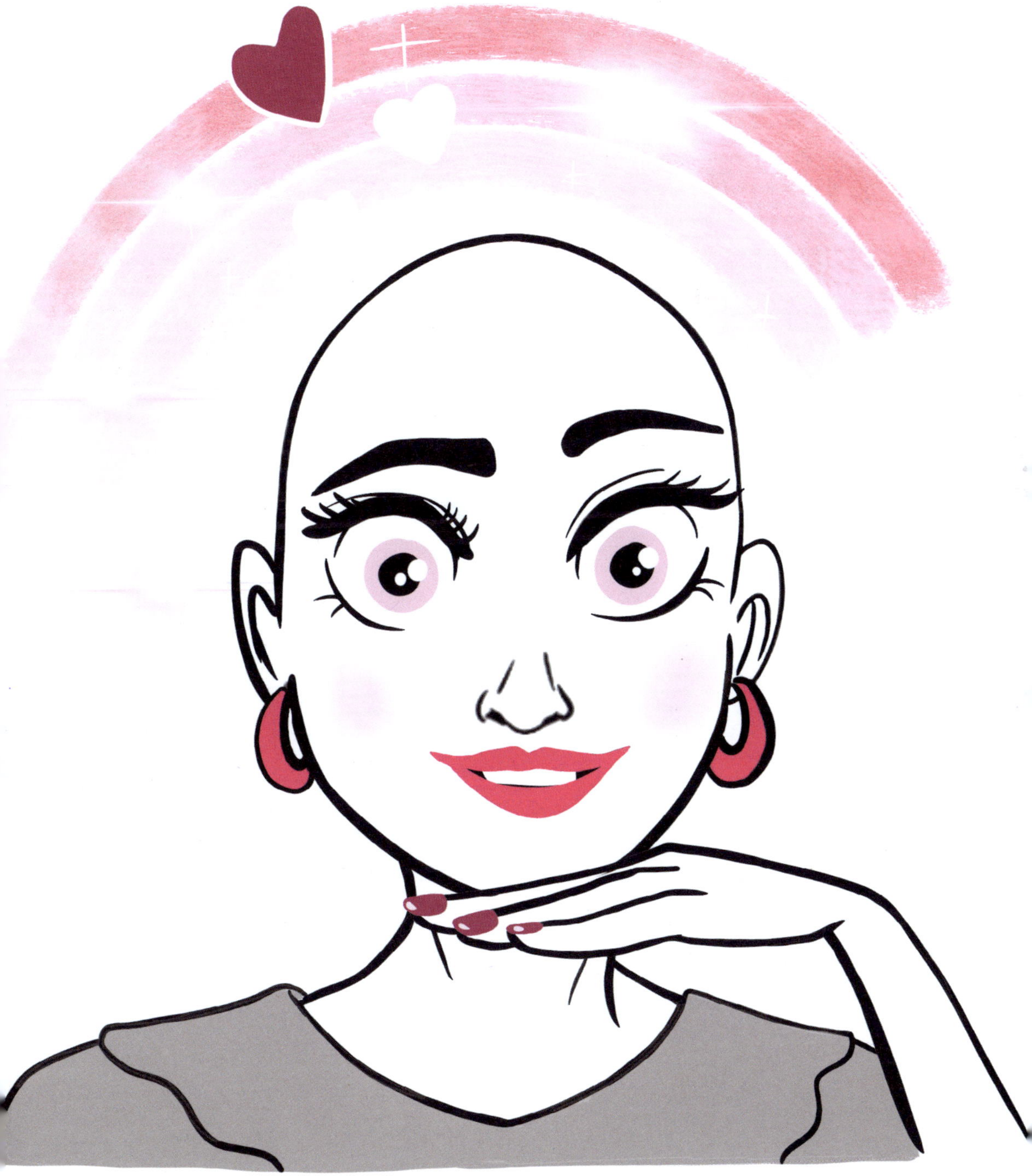

Je ne sais si je peux te faire ce compliment, mais tu as un crâne parfait !
Sœurette, tu veux que je te fasse découvrir un truc que t'as jamais testé ?
Quelle sensation incroyable ! !
C'est indescriptible.
Je savais que t'allais adorer !

Une fois que t'as résolu ce problème, tu peux vraiment profiter pleinement de ton cancer. Y a plus rien qui te défrise et t'es fin prête pour le coiffer au poteau... Blague capillaire !

Chaque matin, me maquiller était devenu un rituel sacré, que ce soit chez moi ou à l'hôpital. C'était mon moment rien qu'à moi. J'appliquais tous les conseils maquillage et beauté dont j'avais bénéficié lors d'un atelier à l'hôpital. Un moment magique, une parenthèse girly lors de laquelle une socio-esthéticienne était venue nous expliquer comment adapter notre maquillage, pour compenser la perte des sourcils, pour mieux nous hydrater...

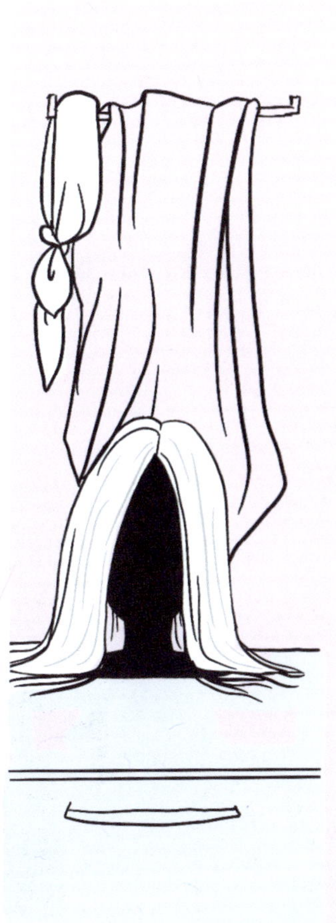

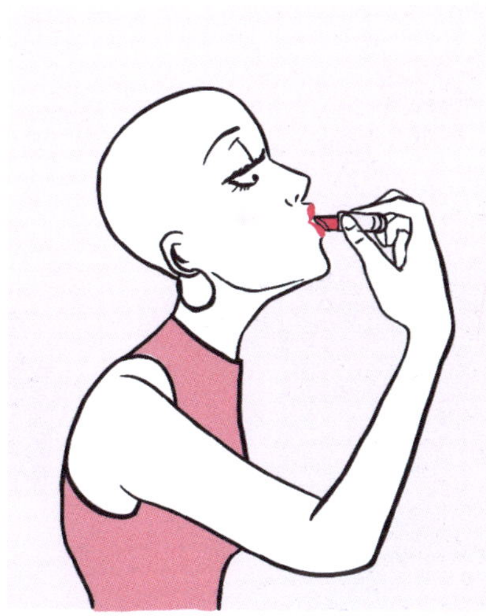

Une fois maquillée, je me sentais ornée pour la journée.

Lorsque je sortais de l'hôpital entre deux chimios, je m'habillais souvent très rock and roll pour jouer de ma nouvelle coupe, je m'amusais beaucoup, grandes boucles d'oreilles, perfecto, haut léopard, jean slim, bottines coquées, les yeux charbonneux.

D'ailleurs avec cette coupe, tu développes une grosse capacité à remarquer les différents regards. Tu deviens un vrai scanner. À force d'en croiser toute la journée, c'est cinquante nuances de regards.

1. Le regard factuel, enfin faussement factuel. Le mec, il te regarde genre…
Moi, ça me choque pas. J'ai vu tous les Bruce Willis. *Une journée en enfer*, tu connais ?

2. Le regard interrogatif

Elle est malade ? Punk peut-être ? Ou alors punk et malade. Est-ce qu'elle a encore ses sourcils ? C'est un indice. Merde, j'arrive pas à voir.

Au bout d'un moment, tu arrives même à identifier les variations de regards. Les regards faussement factuels, qui en réalité sont interrogatifs et passent parfois à la pitié. Les pires, ce sont ceux-là, les regards de pitié…

3. Le regard de soutien en mode Rocky Balboa. Il te voit sauver le monde. Lui aussi, il a vu tous les Bruce Willis*.

T'es une warrior ! ! T'es une lionne !
Mais on se connaît pas, en fait.

*Ah oui, j'oubliais, il y a un gentil qui est chauve. C'est Bruce Willis.

Après l'annonce de la nouvelle par les médecins, c'est à toi de le dire à ta famille, à tes amis, à tes proches. Bon, à moi de jouer. Comment je vais annoncer ça ?

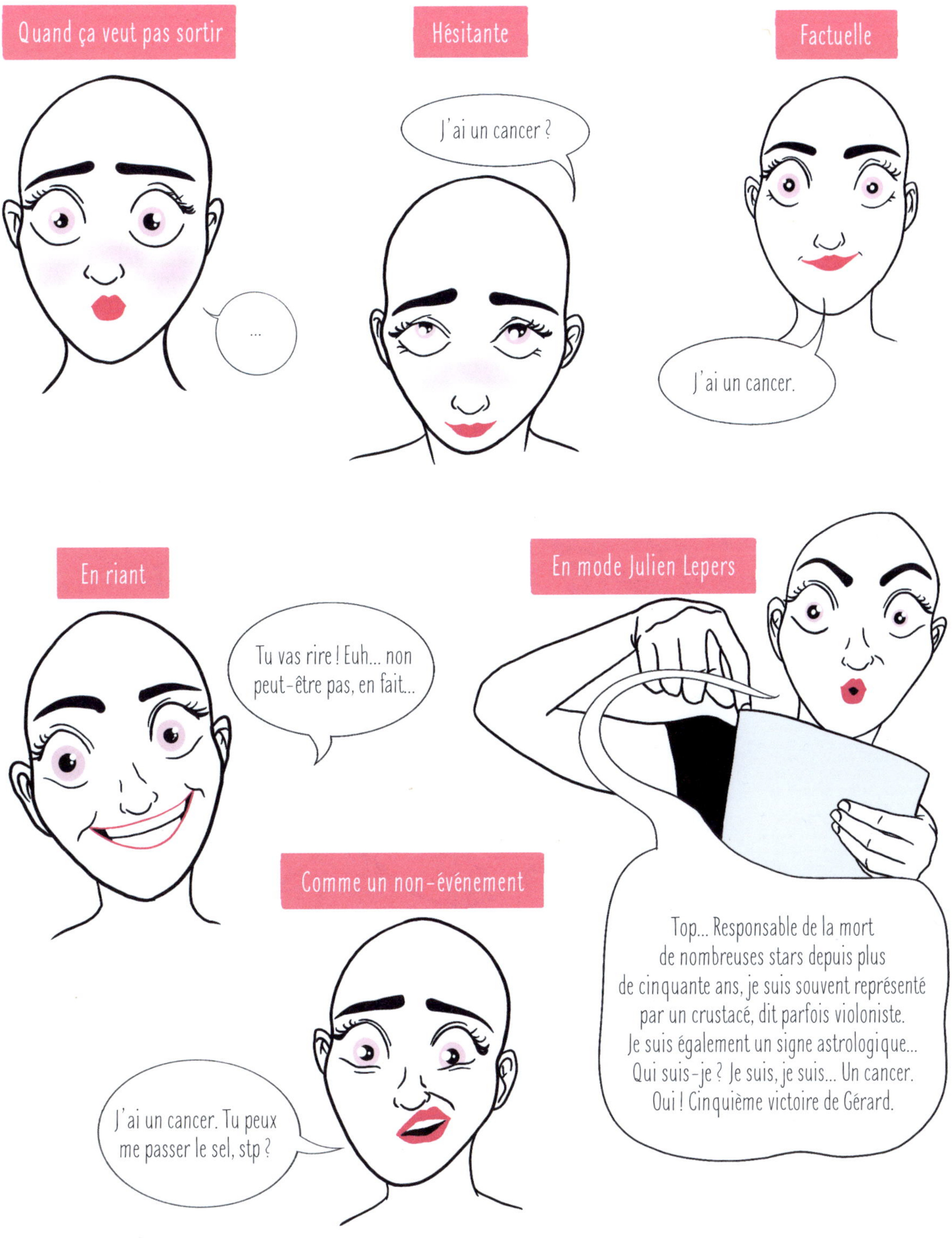
Quand ça veut pas sortir
…
Hésitante
J'ai un cancer ?
Factuelle
J'ai un cancer.
En riant
Tu vas rire ! Euh… non peut-être pas, en fait…
En mode Julien Lepers
Top… Responsable de la mort de nombreuses stars depuis plus de cinquante ans, je suis souvent représenté par un crustacé, dit parfois violoniste. Je suis également un signe astrologique… Qui suis-je ? Je suis, je suis… Un cancer. Oui ! Cinquième victoire de Gérard.
Comme un non-événement
J'ai un cancer. Tu peux me passer le sel, stp ?

J'ai un cancer.

Les réactions ? Il y en a pour tous les goûts !

Les maladroits

Oh ! Caro, j'ai appris. Pas toi.
Fait chier, t'étais trop sympa.

Il y aurait donc des gens qui mériteraient plus que d'autres de mourir ?

Ça me fait penser aux reportages sur les serial killers. Les proches de la victime parlent toujours d'elle comme si c'était l'incarnation de Jésus : « Dès qu'elle entrait dans une pièce, tout s'illuminait. Elle riait tout le temps. S'il y a quelqu'un qui ne méritait pas de mourir, c'était elle. »

Un autre style de maladroit

J'étais posé chez moi sur ma terrasse au soleil avec un petit cocktail... Et là, d'un coup, je me suis dit, c'est dingue t'as tout eu avant moi ! Ton brevet du collège, ton baccalauréat, et maintenant le cancer ! Tu ne me lâcheras pas, toi !

Euh... J'ai presque envie de m'excuser. C'est normal ?

Les analystes

Caro, ça va aller, j'ai regardé sur Internet, t'as 5 % de chance de survie !
Euh... Je sais maintenant pourquoi je n'ai pas fait de recherche de pronostic sur Internet...

Les spirituels

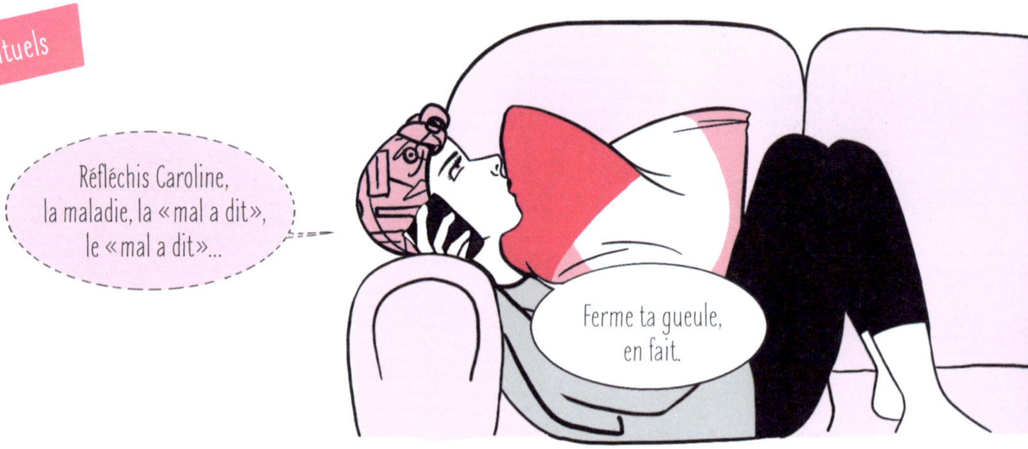
Réfléchis Caroline, la maladie, la « mal a dit », le « mal a dit »...
Ferme ta gueule, en fait.

Les scientifiques

En fait, à la base, le corps est bien fait, sauf le tien. Normalement, les cellules qui ont une anomalie, donc les cancéreuses y compris, s'autodétruisent toutes seules. Un cancer, c'est donc à la base une cellule qui n'est pas morte d'elle-même, mais le comble c'est que, du coup, c'est toi qui meurs. C'est drôle, non ?
Je dois te laisser, j'ai aquaponey !

Puis, il y a eu l'annonce à mon ami d'enfance, Juju.

Allo mon Juju...
J'ai un truc
à te dire...
T'es enceinte ?

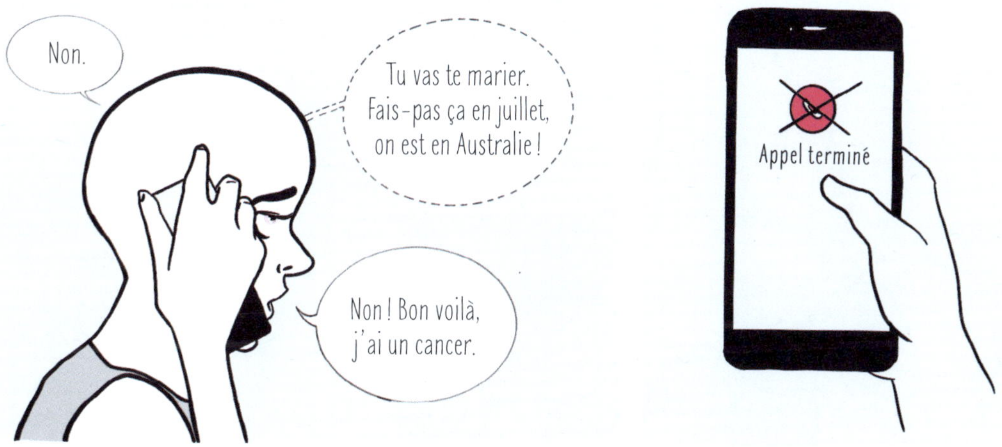
Non.
Tu vas te marier.
Fais-pas ça en juillet,
on est en Australie !
Non ! Bon voilà,
j'ai un cancer.
Appel terminé

Il m'a rappelée trois semaines plus tard.

Bon bah, je t'ai pas rappelée, parce que... Bah... Je t'ai pas rappelée. Je serais bien
venu te voir, mais on est partis en vacances avec mon chéri. Il est super crevé
en ce moment, son boulot le pompe. Être fatigué comme ça tout le temps, c'est
dangereux pour la santé, tu ne peux pas t'imaginer ! Enfin si... Enfin bref...
...

Sur le coup, ça m'a saoulée. Heureusement, on en a reparlé posément et on s'est réconciliés.

Ensuite il y a eu l'annonce à ma grand-mère.

Mamie, je ne sais pas comment te dire ça ! Il n'y a pas vraiment de bonne manière, je crois. Voilà, j'ai un cancer.
Mais qu'est-ce que j'ai fait pour mériter ça ? Pourquoi tu me fais ça ? C'est héréditaire, ces choses-là ?
Non, je ne pense pas...
Ouf ! Sinon j'étais partie pour des mois de culpabilité !
Donc, Mamie...
Chut ! Ma Didi chérie... Tu vois bien que je suis au téléphone ! Oui, Simone ? Tu sais pas ce qui m'arrive ? ! C'est affreux ! Non, c'est pas ça ! Non ! Bon, un indice, ça concerne ma petite-fille ! Non, l'autre ! Mais si, je t'en ai déjà parlé de celle-là. Bon, bah, elle a un cancer. Oui... Hum... T'as raison je lui demande.
Tu vas faire de la chimiothérapie ?
Oui, je...
Ah oui, je me disais bien que tu avais fait quelque chose à tes cheveux !

Dis-donc... Tu dois avoir plein de choses à me raconter toi !
Donc je vais faire neuf mois de chimio...
Comme c'est symbolique, neuf mois ! Le temps d'une grossesse, toi qui veux être mère ! Et qui peux pas ! Bon bah, c'est mignon tout ça ! Moi, je suis totalement bouleversée là, il faut impérativement que je me ressource pour affronter cette bataille. Le mieux, c'est que je parte pour une retraite spirituelle. T'en penses quoi ?
Mais, Mamie...
Ah ! Si cette épreuve pouvait t'enseigner qu'il ne faut pas penser qu'à soi ! Je te l'ai dit mille fois. Incorrigible, toi ! Mais avant mon départ, j'aimerais qu'on fasse quelque chose toutes les deux !
Oui ?
Tu vas m'aider à choisir ma tenue pour l'enterrement, au cas où ! Dans la précipitation, je ne ferai pas les bons choix et puis tu ne seras plus là ! Viens là, ma Didi chérie, dis donc on n'a pas dit « je t'aime » à sa mamie chérie !

Ensuite j'ai découvert que, en plus de la maladie, les proches aussi peuvent te tomber dessus. Alors que toi, tu attends juste un peu de soutien. J'en ai entendu des phrases toutes faites !

J'ai une seule chose à te dire, Caro...
Le doute n'apporte que lui-même.

Tu la connais celle-là ? Nul n'est à chacun qui l'écoute.
Je te laisse méditer là-dessus ? Bon courage !
?

Ça, on est d'accord que ça ne veut rien dire...

Sinon, il y en a des vraies, des phrases profondes.

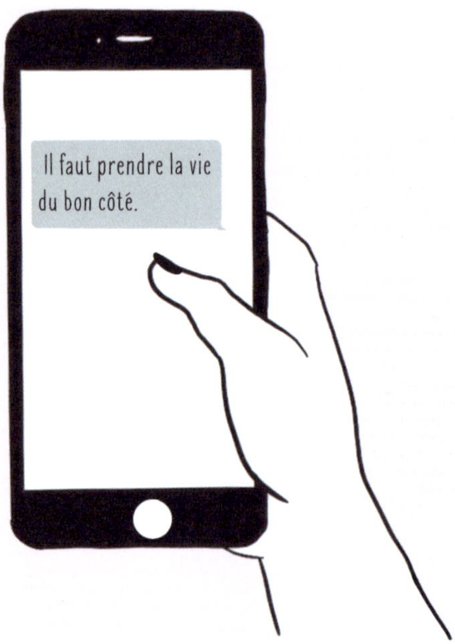
Il faut prendre la vie du bon côté.

Quand tu y réfléchis deux secondes, cela te dit clairement que tu dois en choisir un de côté. Mais ça ne te dit pas lequel il faut que tu prennes, non ? C'est lequel, le bon côté ?

Et pour finir, la petite cerise sur le gâteau...

L'important n'est pas de gagner mais de participer.

Essaie de transposer celle-là à la maladie !

Dans ces Jeux olympiques de la vie, la première épreuve est la chimiothérapie, chimio t'es happy ! Ce n'est pas facile de se rendre à l'hôpital pour ton protocole. Mais, parfois, tu n'as même pas besoin d'y aller à la date de la convocation, car tu y es déjà, en aplasie profonde du fait de ta précédente chimio. Aplasie profonde, ça veut dire que tu es complétement à plat. Aucune défense immunitaire.

Quand je disais aux gens que je revenais d'aplasie, ils croyaient que je revenais d'un trek dans un pays lointain. Genre *Koh-Lanta* avec des épreuves de survie ou d'immunité. En vrai, dans ces phases-là, tu sais que t'as pas gagné le totem. C'est retour direct aux épreuves sans passer par la case confort.

La seule chose que j'ai gagnée, à l'époque, c'est un passe VIP. Aux urgences, quand j'arrivais avec un masque sur la bouche et ma tête de déterrée, les infirmiers m'ouvraient les portes en grand direct. Et ils commençaient à lâcher les paris pour savoir si j'allais passer la nuit.

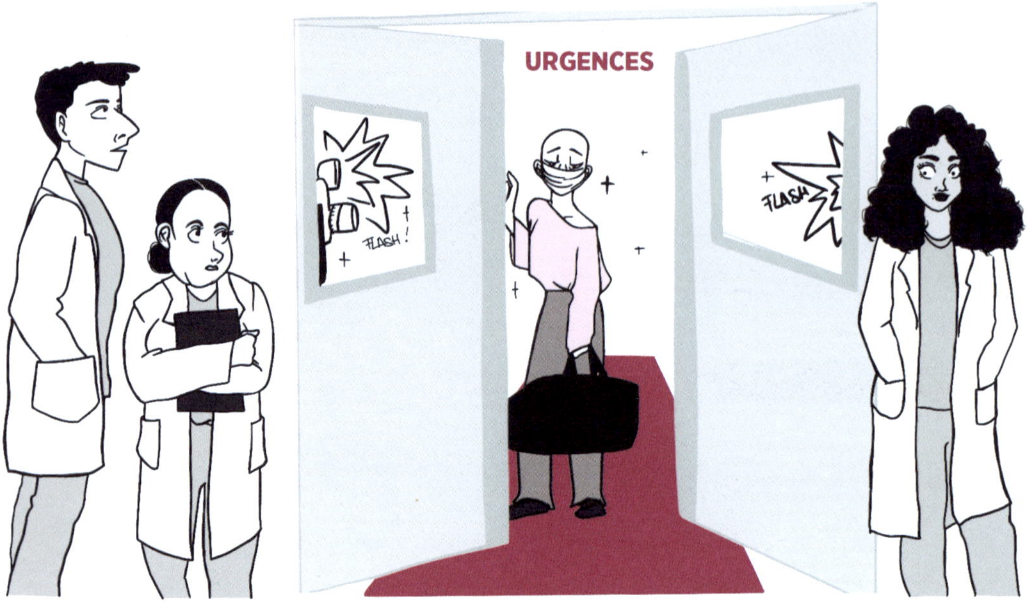
URGENCES
FLASH !
FLASH

Tu deviens ce fameux cas plus urgent que les autres. Que personne n'a jamais vu. Il y a un gars dans le couloir qu'a un bras qui tient juste avec un ligament. Il a déjà perdu 4 litres de sang et on lui dit :

Non monsieur, il y a plus urgent. Oui, vous allez mourir, mais plus tard.
Ah ouais, mais là…

Pour en revenir à la chimiothérapie, quand tu arrives, on te relie via un boîtier placé sous la peau à une machine qui te diffuse des produits.

Quand tu aperçois la couleur du produit qu'on va t'injecter, tu commences à t'inquiéter !

C'est pas légal ça, vu la couleur ! Ah si, ça a la même couleur que mon produit détergent haute efficacité pour le sol. Ça aussi, c'est pour tout type de tache ? ! Parfait !

J'avais plus l'impression que c'était le traitement qui m'avait rendue malade. J'étais comme une poche de médocs, j'en avais le goût et l'odeur.

Pendant ces périodes-là, je ne me mélangeais pas aux autres malades. Quand je nous observais tous, les uns à côté des autres, j'avais l'impression qu'on était en barquette. Des pièces de viande, bien rangées, comme au rayon boucherie.

Horrible constat de la chaîne alimentaire, cancéreusement vôtre. Comme si nous étions devenus ce que nous mangions. Je peux vous assurer que depuis je ne vois plus les barquettes de viande de la même façon. J'ai vite compris que mon corps ne m'appartiendrait plus pendant quelque temps.

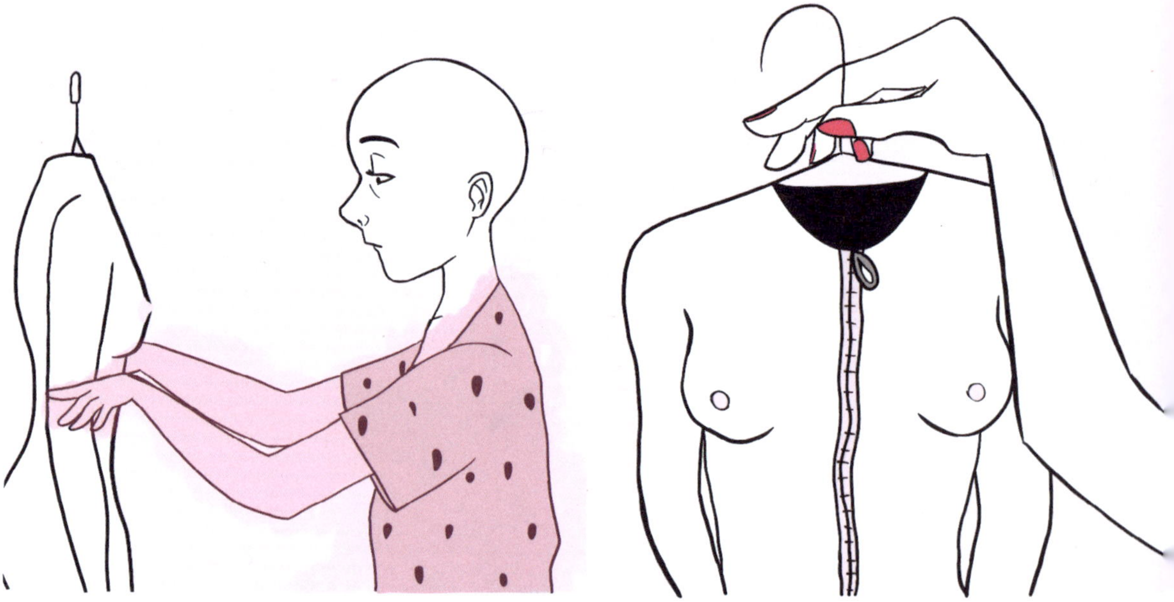

Quand on me le rendait, je le renfilais et j'essayais de le dorloter pour l'aider à affronter les épreuves qu'il devait traverser.

Parfois, c'était vraiment très, très difficile physiquement : la fatigue, les effets secondaires... La chimiothérapie n'est pas un cocktail coloré que tu t'envoies entre copines en mode youpi. Souvent, c'était la nuit que les douleurs et les peurs prenaient leurs quartiers. Et dans ces moments-là, il y avait une personne sur laquelle je pouvais compter : mon infirmière, une simple parole, un sourire, une main tendue, elle était là, aussi simplement que ça.

Quand je dis « aussi simplement que ça », je ne parle évidemment pas du métier d'infirmier ou d'infirmière.

Que de courage, de motivation, d'abnégation pour tenir un rythme aussi effréné et rester humain, empathique, calme, positif et aidant.

Oui, j'arrive tout de suite.
Oui, j'arrive tout de suite.
Oui, j'arrive tout de suite.

Lorsqu'on est malade, on dit souvent qu'on est en mode survie. Sur-vie. Tu es au-dessus de la vie. Tu la survoles. Alors, oui, ton cerveau est ton allié, mais la médecine est là aussi pour t'aider !

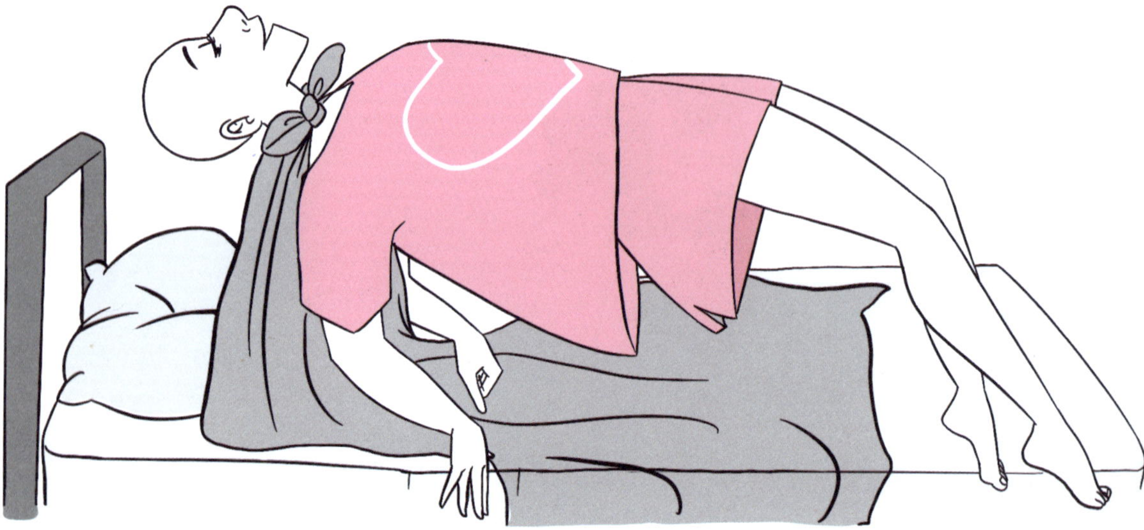

Le truc sympa c'est que dans les passages difficiles, je pouvais m'injecter moi-même de la morphine.

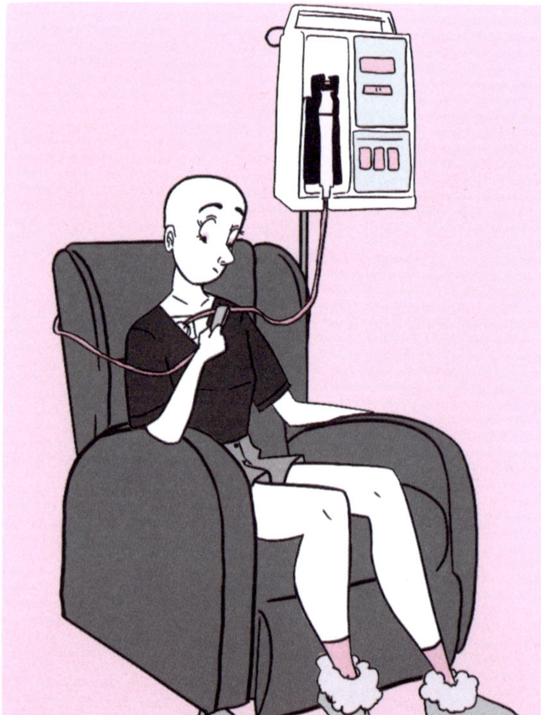

Ah ça, quand tu voulais te dissocier, ça t'aidait à déconnecter direct. Décollage garanti !

Les produits qu'on me donnait (traitements, antidouleurs, anti-nauséeux...) ainsi que les petits shoots de morphine que je pouvais m'injecter me provoquaient des gros coups de barre. Ce qui me valaient de m'endormir en deux secondes montre en main.
Ça pouvait être très utile parfois, j'avoue. Comme lors de la visite de cette sacrée Becky.

Non mais quand on arrive ici, ça fait flipper ! Vous vous ressemblez tous, là-dedans. On dirait une secte avec tous ces crânes rasés au mètre carré. Ça va ?
Oui, je...
Moi, j'en peux plus, on s'est pris la tête avec Fab, c'est super *touchy*. J'ai découvert qu'il était raciste. Mais, bonne nouvelle, depuis qu'il sait que t'es malade, il t'adore !
J'ai pris rendez-vous chez le coiffeur parce qu'avec mes cheveux en ce moment, je suis au bout de ma vie !
Sinon, ça va, toi, la forme ? Moi, ce matin, je suis montée sur la balance, j'ai pris 3 kg, j'ai cru que j'allais mourir !
Z Z Z

La vie à l'hôpital, c'est un peu comme la prison : on est deux par cellule et on ne choisit pas son codétenu. Si j'avais pu, je leur aurais fait passer un entretien, à mes colocs de chambre. Ce n'est pas parce que t'as un cancer que t'es sympa. C'est pas proportionnel. Je me souviens de Jocelyne, la petite cinquantaine, profil assez léthargique, proche du phoque échoué sur une plage.

Bonjour, vous êtes malade ?
Non, je viens pour les massages crâniens, ils sont à mourir ici !
Je suis malade aussi.
Oh ! Ma pauvre...
Oh ! Ma pauvre...
Non merci, j'essaie de voir la maladie comme une opportunité vous voyez ?
Oh ! Ma pauvre... Vous avez des enfants, au moins ?
Non.
Oooohhhhhh ! Ma pauuuvrrreeee !
J'en peux plus, j'aimerais tellement que tout ça se termine.
Moi aussi...

Heureusement pour moi, elle m'a pas fait suer longtemps, celle-là. Je me souviens aussi du profil de la fausse bonne coloc. En général, elle commence par dire :

Moi, vous verrez,
je ne suis pas du tout
difficile à vivre.

On apprendra que si elle se sent obligée de préciser cette information, c'est qu'elle est totalement l'inverse.

Il n'y a que trois choses que je ne supporte
pas quand je suis dans une chambre
d'hôpital : la télé, le bruit et la lumière.
Pardon ! ?

Le bruit,
j'ai dit !!

Mes soirées avec elle consistaient donc à regarder la télé sans le son, dans le noir. Depuis, j'ai bien pris conscience de l'intérêt des sous-titres à la télé.

Heureusement, ces tête-à-tête étaient entrecoupés d'appels des amis.

Salut Maria ! Comment tu vas ?
Salut Caro, je vais passer mais je voulais te demander un truc avant. Est-ce que ça se voit ? Je veux dire... que t'es malade, ça se voit ?
Comment ça, «ça se voit» ?

Bah... Genre Tom Hanks à la fin de *Philadelphia*. Ah oui, non, lui, c'était le sida... C'était bien fait quand même... Bref, je t'appelais aussi pour le 3 juin. Je te compte ou pas ? Enfin je veux dire... Tu seras toujours là ? Non, parce que je voudrais pas refuser du monde pour rien. Tu comprends ?
...

Et ma sœur passait presque quotidiennement en mode *tea time*. Elle ramenait plein de magazines et on buvait un thé tranquilou.

Mes frères étaient également très présents, une petite pensée, un petit message... Je savais qu'ils étaient tous là derrière moi pour me soutenir, c'est aussi ce qui faisait que je ne tombais pas.

Je n'en ai d'ailleurs jamais voulu à mes amis, à mes proches pour leur maladresse car, pour moi, maladroitement ou pas, l'important c'était d'être là.

u niveau de tes relations aux autres, la maladie, ça perturbe. Par exemple tes proches n'osent plus te parler e leurs petits problèmes. Malade ou pas, il faut savoir que rater ma manucure me faisait toujours tomber ans une dépression de grade 4, c'était un fait.

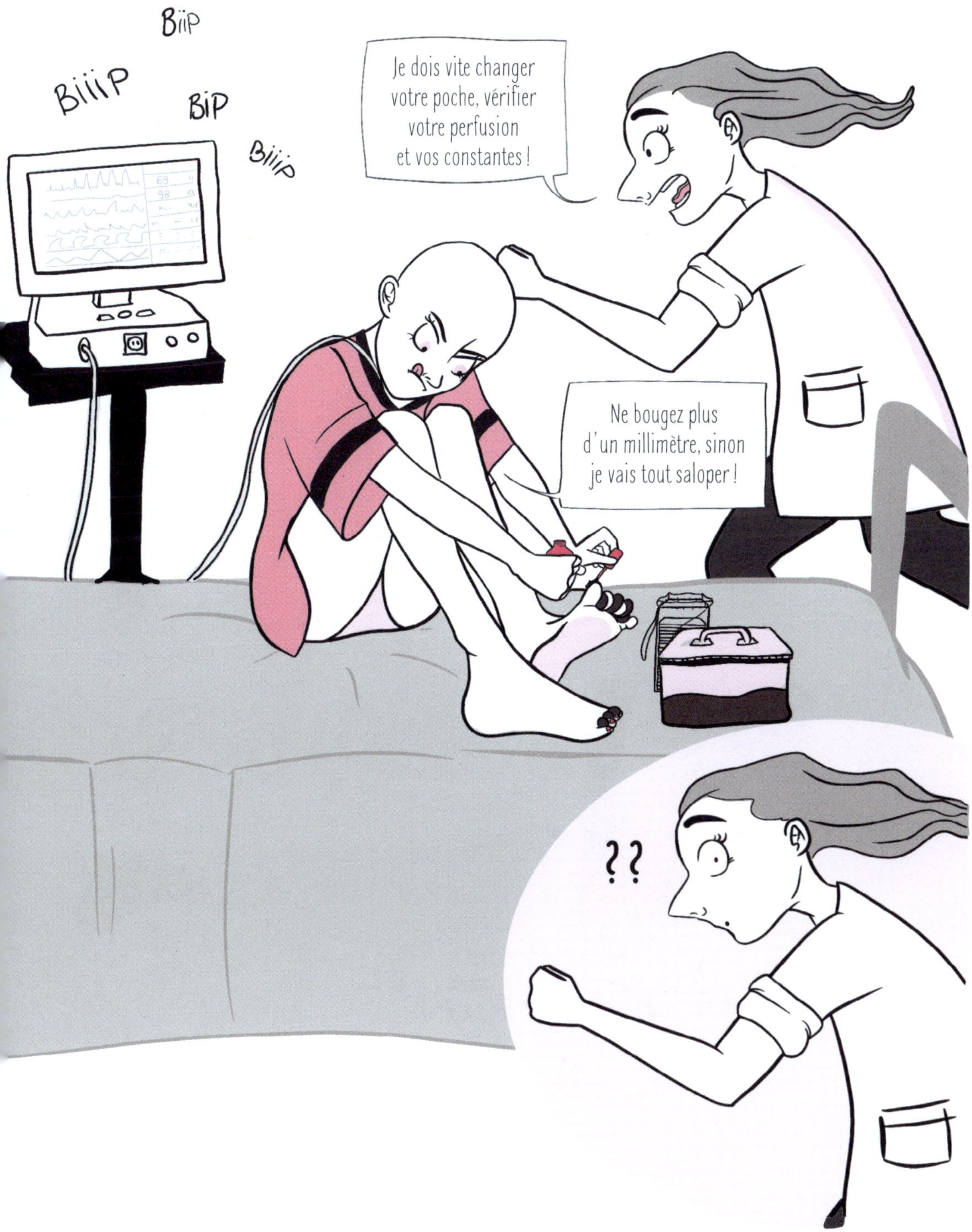
Biip
Biiip
BiP
Biiip
Je dois vite changer votre poche, vérifier votre perfusion et vos constantes !
Ne bougez plus d'un millimètre, sinon je vais tout saloper !
??

Il y a aussi des jours où tu vas très bien. Mais le pote qu'est venu te voir a décidé qu'il faisait partie d'une ONG.
Vas-y, Caro, lâche tout, je comprends.
Non, ça va, merci, c'est gentil, j'te jure.
Vas-y, pleure, j'te dis, ça te fera du bien, pleure.
Pleure !
Non.
Si !
Non.
Si !
Non.
J'allais surtout pas chialer ce jour-là. Je venais de réussir un sudoku niveau « expert ». C'est pas facile, « expert », parce que tu dois mettre les chiffres en tout petit pour imaginer les combinaisons. Alors, quand tu te rends compte que t'as mis deux fois le chiffre 7… tu t'en fous, de ton cancer.

Laissez-moi vous présenter mon fidèle pote de chimio : R2-D2. Oui, c'est comme ça que j'appelais ce qui était devenu mon nouveau meilleur ami. Vous savez, le porte-poche à perfusion. La chariote que tu dois traîner partout, avec laquelle tu te douches, tu manges, tu dors.

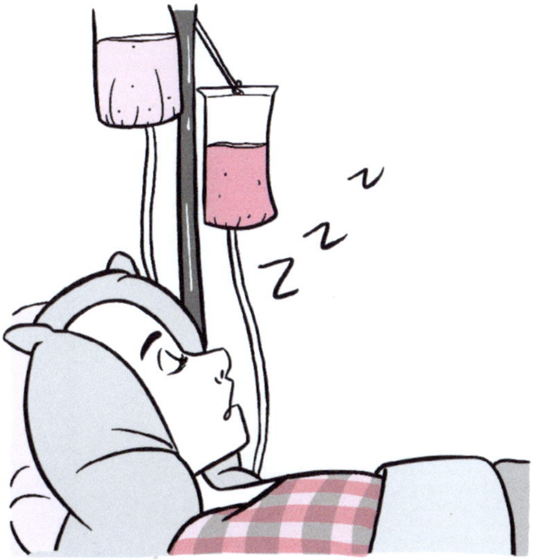
Z Z Z

C'est comme une pote qui se sent en superintimité avec toi.

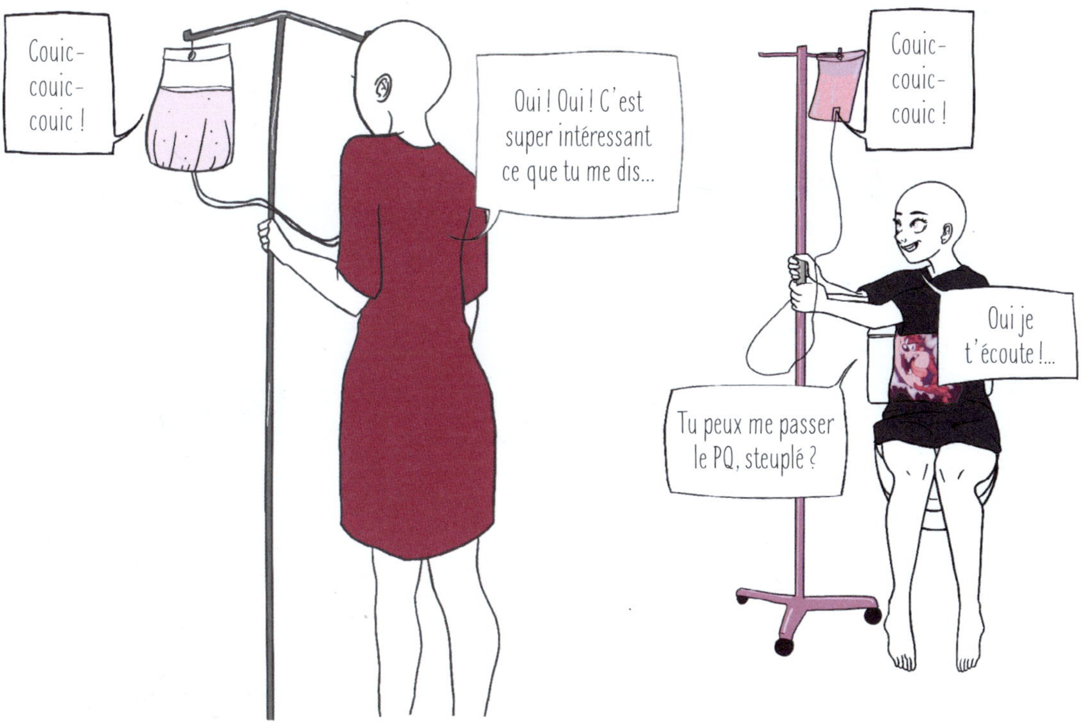
Couic-couic-couic !
Oui ! Oui ! C'est super intéressant ce que tu me dis...
Couic-couic-couic !
Oui je t'écoute !...
Tu peux me passer le PQ, steuplé ?

Ça crée des liens, je vous assure.

Je me répétais souvent : « Si tu n'aimes pas le cancer, n'en dégoûte pas les autres, steuplé. » Comme je vous ai dressé un tableau un peu noir de la maladie, je tiens à vous préciser qu'il y a aussi des trucs bien dans le cancer. Voici une petite liste non exhaustive !

1. J'avais une silhouette au top : moi qui voulais perdre un peu, là, au moins, un bon petit cancer, et hop ! Moins 10 kg d'un coup. (Inutile de vous dire que la photo avant/après fonctionne très bien avec moi.)

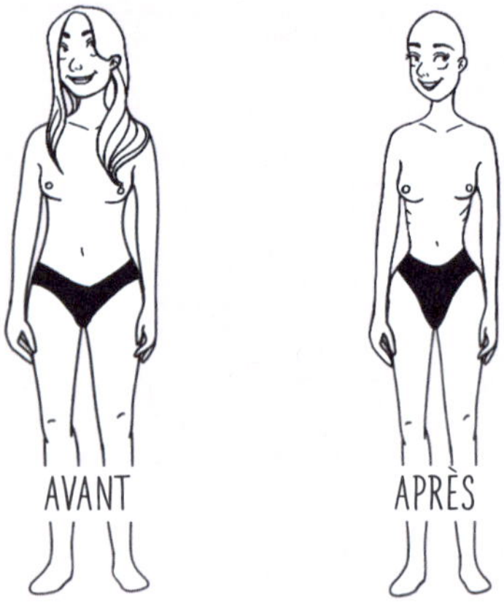
AVANT
APRÈS

2. J'ai vu tous les épisodes des *Feux de l'amour*. (Comme ça, je pourrai faire autre chose pendant ma retraite.)

Oh non ! C'est pas vrai ! ? Elle pas osé lui faire ça !!

3. Je vous défonce tous au Scrabble, même version danoise, avec le nom des produits qu'on m'injectait, j'étais incollable : Xerotorax, Astrocitox.

Prends-toi ça dans ta face ! 248 points, lettre compte triple, mot compte quadruple !

Autres exemples des trucs bien dans le cancer, en soirée :

Tu es plus souvent invitée. C'est la loi de la rareté. Tu prends plus de valeur d'un coup.

Avoir un ami homosexuel ?
C'est plutôt classique.
Un transsexuel ? Ça se banalise.
Alors qu'un cancéreux ?
C'est la classe à Dallas !

Ta résistance à l'alcool est vraiment très faible, tu es bourrée en deux verres, top chrono.

J'ai bu que deux verres ! J'te jure !
Oui, oui, bien sûr. En même temps, avec ce que tu traverses, je comprends que l'alcool puisse être un refuge...
Mais non !

Faites pas trop les malins, parce que, sur la résistance à la morphine, je vous éclate tous, les gars.

Et si, au dernier moment, t'as plus envie d'y aller à ta soirée ? Bah, tu dis que tu es malade. Alors qu'en fait, tu te la coules douce !

Tu peux faire plusieurs choses en même temps.

Salut Isa ! Comment se passe ton traitement ? Ton cancer, ça va ?
Oh oui, lui, il va très bien.
Qu'est-ce que tu fais de beau ?
Là ? Je me lave les cheveux.

Tu bénéficies d'une épilation chimique intégrale, un forfait sans poils, quoi !

Oh mince, j'ai oublié de m'épiler !
Moi perso, je suis aussi douce qu'un bébé !

Après ce parcours du combattant de 9 mois qui m'en aura paru le triple, après 8 protocoles intensifs de chimio, après un nombre incalculable de jours, de nuits à l'hôpital, la ligne d'arrivée était enfin là, toute proche, juste devant moi. Après l'incompréhension, le choc, la peur, la douleur, les doutes, la honte, le désespoir, la colère, l'acceptation, l'espoir, la rage attitude, les rires, les larmes qui coulent à flot et sont stoppées par la ride d'un sourire, les larmes qui deviennent des crises de rire, j'étais enfin arrivée au jour de ma dernière chimio. J'avais l'impression d'être à l'aube de quelque chose...

EN-VIE

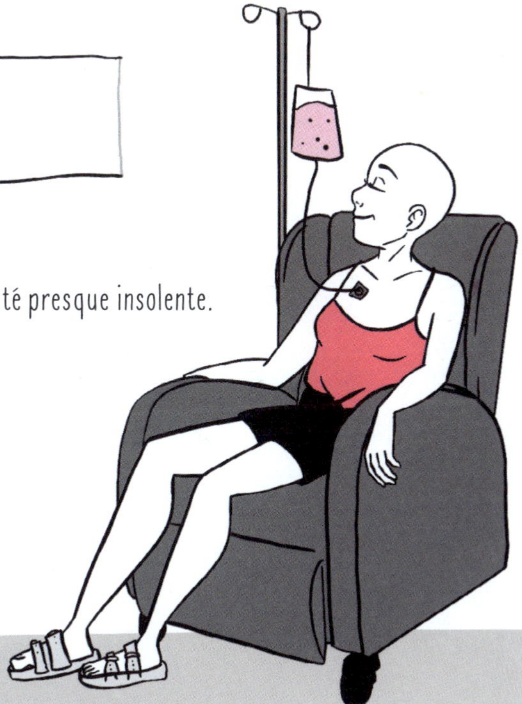

J'étais d'une sérénité presque insolente.

À moi la vie ! EN-VIE ! EN-VIE !
Le premier jour du reste de ma vie,
ma mienne ! À moi !

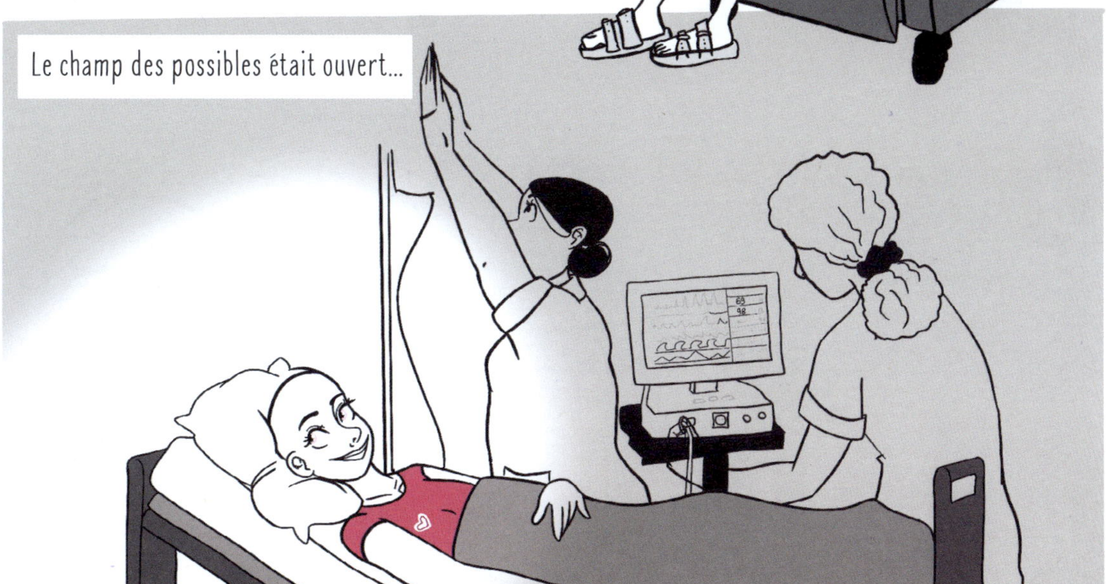
Le champ des possibles était ouvert...

Comme une sortie de prison, on m'a rendu ma liberté et mes affaires. Mes affaires et mes cheveux…

Puis les traitements ont fait place aux rendez-vous de contrôle.

Le roulement de tambour qui résonne dans ma poitrine avant chaque résultat me plaît. Il me rappelle que je suis vivante. Des années plus tard, j'ai toujours les mêmes sensations quand je passe des examens de contrôle.

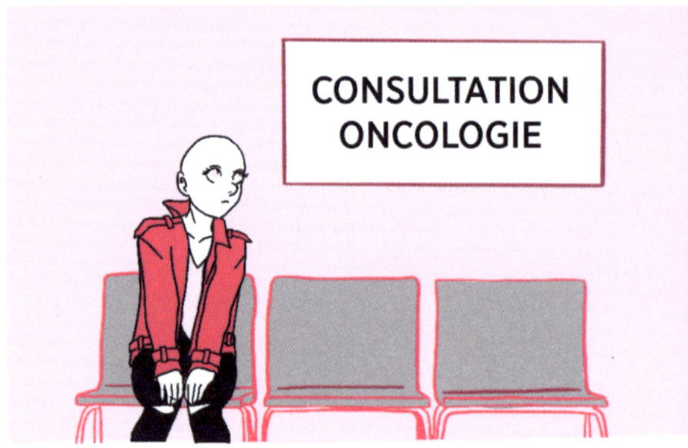
CONSULTATION
ONCOLOGIE

Hello, petite sœur ! Alors ?
C'est tout bon ! On l'a eu !
Je t'avais dit qu'on allait le dézinguer, le défoncer !
Suite au prochain contrôle…

L'après

Quand les traitements sont terminés, tu croises souvent des personnes qui te disent :

Ah bah, ça y est, c'est fini !
Pardon ?
Bah oui tes cheveux repoussent, alors t'es plus malade, c'est fini !
???

Alors, je vous explique, les cheveux n'attendent pas le bon de rémission pour repousser.

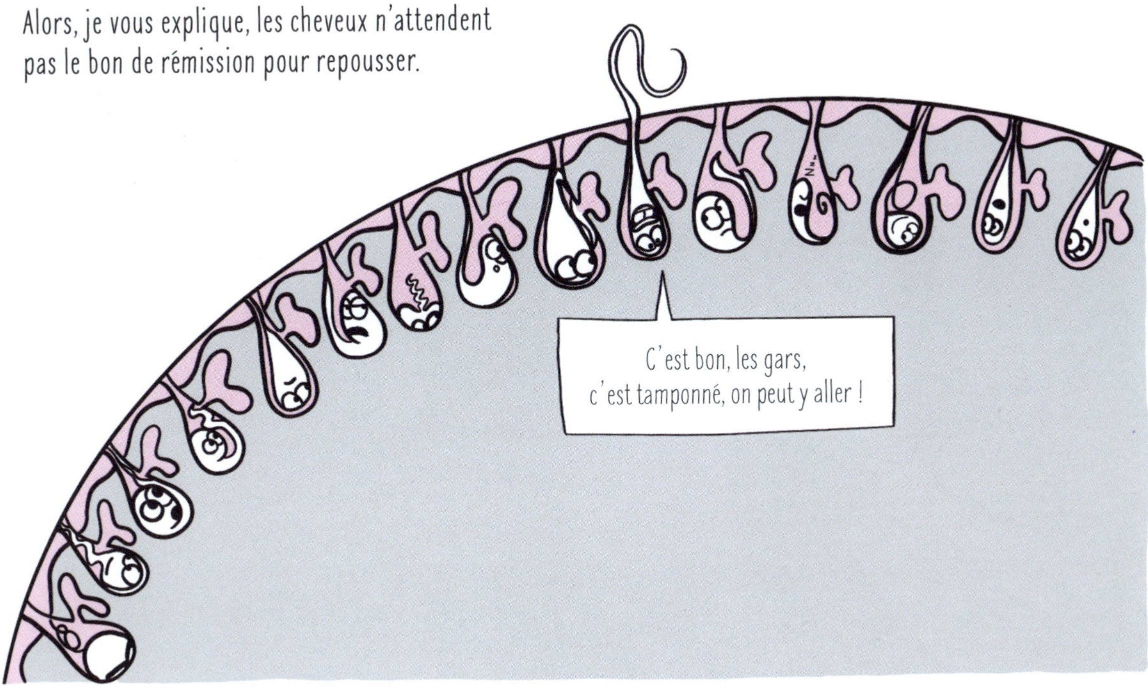
C'est bon, les gars, c'est tamponné, on peut y aller !

Tu croises aussi d'autres personnes qui sont un peu trop sûres d'êtres justes dans leur analyse basique de la situation.

Que lui répondre pour ne pas la faire vraiment flipper ?

Avec ce que tu as vécu, tu connais la valeur de la vie. Tu dois être super heureuse et hyper sereine.
....?!???
Oui, si on était sur un plateau télé où il ne faut pas dévoiler la dureté de la vie, je te dirais ça, mais là on est dans la vraie vie et c'est le gros bordel.
Je veux dire... Oui, oui, ça va, merci. Je dois te laisser, je dois aller balader ma licorne !
Pardon ?

Elle me croise, moi rémissionneuse, winneuse de la vie en mode sursis, espoir ambulant pour quelqu'un qui n'a jamais été malade. Fidèle à moi-même, j'ai préféré en rire ! Je ne me sentais pas de lui casser son délire, de lui plomber l'ambiance.

Parce qu'en vrai, à ce moment-là de ta vie, c'est le bordel total.
T'avais déjà du mal avant, mais alors, après, c'est pire. C'est le naufrage après la tempête.

Vous l'aurez compris, j'étais perdue. Après cette tempête physique, cette bataille, je devais à présent traverser une autre tempête, psychologique cette fois-ci.

Je me suis dit que la première chose à faire pour ne pas retomber malade était de me demander pourquoi j'étais tombée malade. J'ai fait plusieurs hypothèses. Pour moi, il y a trois écoles :

La première école est composée de ceux qui pensent que leur vie est écrite à l'avance, que tout est déjà programmé. Au début de mon traitement, je préférais imaginer que tout l'était. Ça a un côté rassurant. Zéro culpabilité. J'imaginais qu'il y avait un service programmation au-dessus de nous, vous voyez ? Un service qui planifierait tout.

Bon, Jean-Claude, on a quoi aujourd'hui ? Tu me fais la fiche. Bah, la famille, les antécédents, qu'on voie ce qu'on lui colle à celle-là.
Père serrurier, ouais bon... Et les frères et sœur ? Marié 2 enfants, marié 2 enfants, mariée 2 enfants ? !
Faudrait voir à pas faire trop de copier-coller dans le système, les gars. Et celle-là, du coup ? Mariée, 2 enfants ? Oui, donc tu te fous de moi. Ça ne va pas être possible ! Non, Jean-Claude, il faut que tu lui colles des accidents de la vie, au moins à celle-là.

Y a de quoi faire avec toutes les merdes qui pullulent : burn-out, cancer, problème de fertilité, je ne sais pas, moi !
Parce que ça va faire louche, là. Et puis on va nous reprocher notre manque de créativité, et pis... Parce qu'ils vont se faire chier, surtout.
Allez, mon Jean-Jean, tu me valides ça et tu nous retrouves à l'apéro. On va fêter le divorce de Josy à la compta.

Un instant plus tard.

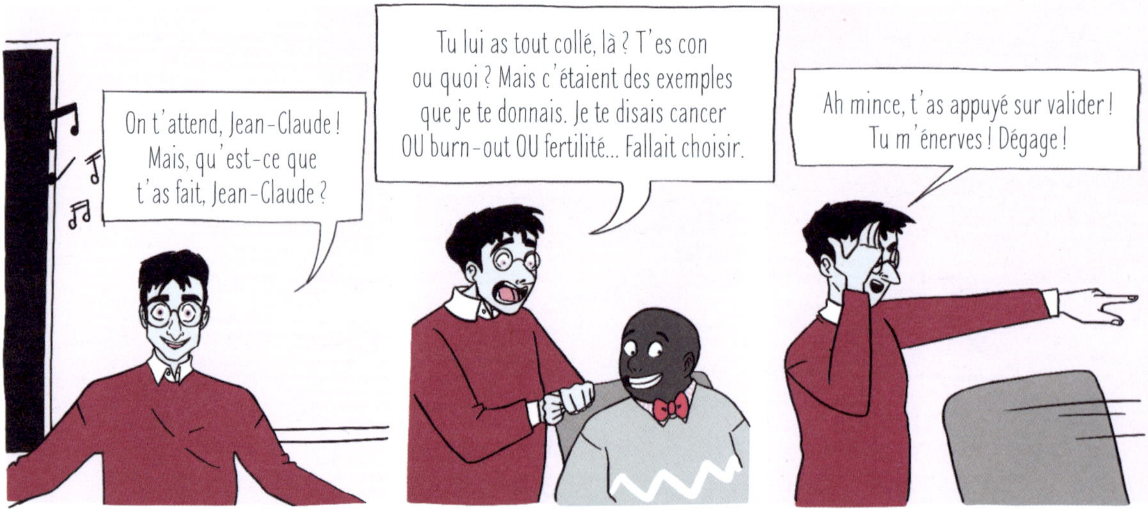
On t'attend, Jean-Claude ! Mais, qu'est-ce que t'as fait, Jean-Claude ?
Tu lui as tout collé, là ? T'es con ou quoi ? Mais c'étaient des exemples que je te donnais. Je te disais cancer OU burn-out OU fertilité... Fallait choisir.
Ah mince, t'as appuyé sur valider ! Tu m'énerves ! Dégage !

La deuxième école est composée de ceux qui se disent que tout reste à faire et que toute action peut avoir une incidence sur la suite de leur vie. En général, ils te disent :

Tu sais, Caro, y a une raison à tout, rien n'arrive par hasard. Oui, je n'ai aucune compétence dans ce domaine, mais je te le dis quand même.

Ça voudrait dire que toute action peut avoir une incidence sur la suite de ta vie. Moi, je trouve ça flippant et épuisant ! Est-ce que je vais à la boulangerie là maintenant ou tout à l'heure, sachant qu'il est 18 h 15 ? Car, à 18 h 25, tout aura changé et mon action là tout de suite n'aura pas la même incidence que si je la fais là maintenant, ou là maintenant, ou là, ou là ou là, ah…

Caro, je vais faire une course, tu viens ?
Surtout pas, je ne bouge plus !

Tu m'étonnes que tu te chopes un cancer rien qu'en y pensant. C'est le principe du battement d'aile du papillon, vous connaissez ? Sauf que le papillon, entre nous, il ne prend pas trop de risque. Il vit trois jours, pour info. En trois jours, t'as pas le temps de rater ta vie ! Ton week-end éventuellement…

Mais qu'est-ce que j'avais fait, moi, pour mériter ça ? Désespérée pour désespérée (j'avais tout à gagner, enfin rien à perdre, enfin si peut-être un peu de ma dignité), j'ai posé la question en haut lieu.

RÉCLAMATION
Alors, ma petite Caro, je t'écoute ! Qu'as-tu fait pour en arriver là ? Hein ?
Euh rien... Je crois...
Bah si ! T'as forcément péché.
DIEU
Euh... Péché hum... Pécho oui. C'était légal. Olivier Martin en CE2. Mais de là à avoir un cancer... Attendez que je cherche...
Ah ! Si, j'ai menti quand j'avais 8 ans. Volé des bonbons à 9 ? Fumé à 14 ? Commissariat à 16 ? Pour une déposition, c'était moi la victime.
Et ton alimentation ? Ton corps ?
Ah ! C'est vrai, le truc des fruits et légumes ? À ce moment-là, faut écrire la phrase en entier les gars.
Mange cinq fruits et légumes par jour sinon t'auras un cancer ! Là, on en boufferait par cagette.
C'est vrai que je ne suis pas très courgettes mais avec un slogan comme ça, tu relances l'agriculture mon pote !
Là, je peux rien faire pour toi !

Ah non ! Vous devez me dire ce que j'ai fait de mal. Je vous réponds que je suis désolée. Vous me donnez un gage.
Je dois dire l'*Ave Maria* en verlan. Je dois attraper une pomme dans une bassine sans les mains, mettre une banane dans la bouteille.
Je guéris et hop !
Oui, mais il n'y a pas de dossier, là. Voler des bonbons, mentir... Même moi, je l'ai fait. Chacun sa croix.
Faut que toutes les étapes du protocole soient respectées pour que ça marche. Mais là, avec les petits doss' que t'as...
Si je suis vos principes, il y a bien une raison pour que je sois malade ?
Je sais pas moi. Et puis va falloir baisser d'un ton sinon, moi, j'te colle une rechute avant même que tu voies le panneau «sortie» !
Je suis Dieu, je te rappelle. Et sans déconner, t'as vu ta dégaine, Caro ? On dirait C-3PO. Il n'y a plus rien à ronger là ! Allez, va te coucher.
Je n'étais pas plus avancée.

Résultat, tout cela m'a questionnée sur mes croyances. Je me suis rendu compte que j'étais proche de la philosophie bouddhiste. Alors, dans un autre moment de désespoir, je suis allée dans un dispensaire pour bénéficier de soutien. Le bouddhisme, c'est bien, mais c'est loin. Parce que, moi, je l'ai fait le voyage jusqu'à Bombay… Je l'attendais *the conseil of the revelation of the life.* Je vous raconte concrètement.

Tu es au bout de ta vie alors que t'as 32 ans. Tu te tapes 12 000 km. Tu traverses des rivières, tu braves des montagnes, tu te tapes des trains de nuit le jour et des trains de jour la nuit. Bref, tu arrives enfin à destination, tu regardes cette personne et tu lui dis :

Mais qu'est-ce que je dois faire ?

Clairement, le gars, il lit dans tes yeux la détresse profonde, plutôt la merde intersidérale, dans laquelle tu es. Ce maître spirituel te regarde comme Yoda et te livre un :

Toi seule le sais.
La solution est en toi.

12 000 bornes pour entendre ça ! Moi aussi j'ai vu tous les *Star Wars* et les épisodes de *Kung-fu Panda*. J'ai bravé un cancer et t'as rien d'autre à me sortir que les dialogues de *Dragon Ball Z* ? Bon, bah maintenant faut que je me tape les 12 000 bornes retour, moi. T'as pas les horaires de train ? Je parie que les horaires sont en moi.

En plein protocole de chimio, en perte de sens, j'étais aussi allée voir une voyante. Mais c'est un peu toujours pareil les voyants, non ?
Je vois... Je vois que vous êtes très fatiguée. Je sens que vous avez besoin de repos. Je vois... des médecins.
...

Euh... Sans dec', la meuf, elle a son cabinet de voyance en face de l'hôpital, devant la sortie oncologie. Tous les cancéreux passent devant chez elle. Quand elle m'a dit que j'allais écrire une BD, j'ai bien vu qu'elle était incompétente, la gonzesse.

Pour ceux qui suivent, vous remarquerez qu'il manque le grand 3 de ma démonstration de la théorie de la vie : les gens qui pensent que tout est une question de hasard. Cette théorie est supraflippante également.

Toi, tu seras président !
Toi, tu seras super chiant !
Toi, tu rateras tout systématiquement !

Après ma guérison, pendant un temps, je n'avais pas envie d'être heureuse. Quoi ? J'avais le droit. Après un cancer, t'as le droit à une période de dépression.

Oh, ça va... T'as pas un cancer non plus.
Bah si, justement je l'ai eu !
Oups...

En même temps, vous êtes témoins. Avec toutes les conneries que j'avais entendues, j'avais besoin d'un temps de digestion.

Je n'étais pas heureuse, j'étais carrément l'inverse, au fond du trou. Je peux même dire que les gens heureux m'énervaient profondément. Pourquoi être heureuse ? Quand t'es au plus mal pour plein de raisons potentielles (rupture, dépression, etc.), t'as plein de choses croustillantes à raconter. Alors que les gens heureux, eux, ils sont heureux, juste heureux.

Ça va ?
Oui, bien entendu, Caroline ! Quoi vouloir de plus ? Nous sommes vivants, en bonne santé. C'est le principal ! Il faut cueillir les roses de la vie.
Ok, super. Bon bah, qu'est-ce qu'on fait, on les regarde pousser ?
? ? ?
On s'fait un petit peu chier là, non ? L'arnaque... C'est ça, le projet ! Quand t'as atteint le bonheur... Tu te fais chier.
D'ailleurs, je me suis rendu compte du niveau profond de ma détresse quand j'ai commencé à me réjouir du malheur des autres.
Je touche le fond là ! Je continue de creuser ?

Quand tu n'as plus le moral et qu'une personne encore plus déprimée que toi t'appelle, c'est mécanique, ça te le remonte direct. Parfois, j'allais à la pêche aux malheurs. Et si la personne que j'avais en face ne me balançait pas les dossiers directement, je grattais...

Salut Caro, ça va ?
Bof la cata comme d'hab. Mais vas-y raconte, toi ? Tout va bien ? Boulot ? Tes bouts de choux ? T'es sûre ?
Bah pourquoi tu pleures ? C'est à cause d'Hervé... Qu'est-ce qui se passe ? Il est mal dans sa peau ?
Oh bah, t'inquiète, ça va aller, un peu de sport et hop ! ça repart...
Il est mal dans sa peau, oui, j'ai compris. Pas bien dans sa peau... D'homme ? C'est-à-dire ? Tu veux dire qu'il est homosexuel ? Oui, enfin, Tacha, on était un petit peu au courant.
Transsexuel ? Oui, oui, je vois. Il se fait opérer mardi ?
Bon, bah ça m'a fait ma semaine, moi. Merci, Tacha ! Vous aurez compris qu'il me fallait sortir de ce cercle vicieux au plus vite.

En plus de mes rendez-vous chez le psy, j'ai décidé de participer à différents ateliers thérapeutiques pour éclairer mon futur. Ah ! J'en ai claqué de la tune. Je serais partie à Las Vegas, c'était pareil.

Tu as la thérapie par le rire : la rirothérapie. On est 15 dépressifs. Y a un autoentrepreneur qui a trouvé le filon. Il nous fait...
Eh bah, dis donc, on va ri-go-ler !
À 400 balles les 2 heures, j'ai pas rigolé longtemps.
Sinon, tu as la théâtro-thérapie.
C'est quoi ? C'est des cours de théâtre, mais en plus cher.

Il y a aussi l'animalo-thérapie.

Accueillons Caroline ! N'aie pas peur, nous sommes là pour te soutenir.
Pourquoi as-tu choisi la chauve-souris ? Nous t'écoutons.

J'ai toujours adoré le sketch de Bigard. Vous savez, l'histoire de la chauve-souris qui arrive à se déguiser et à se faire passer pour un pote à lui.
Elle lui parle à l'interphone et arrive à rentrer chez lui. J'aime cette histoire parce qu'on se dit toujours...

Admettons... Admettons, qu'elle y arrive. Je me suis toujours dit ça pour les autres alors pourquoi pas pour moi ? Elle n'est pas conne, cette chauve-souris.

Je suis ressortie de cette séance regonflée à bloc en me répétant sans cesse : « Admettons que j'y arrive, admettons que j'y arrive. » J'étais prête à croquer la vie à pleines dents.

L'animalo-thérapie m'ayant remotivée, je me suis enfin sentie capable de reprendre le travail. J'étais contente de revenir au bureau, malgré la peur qui me saisissais encore à l'idée de recroiser la fameuse Nathalie. Mais mon travail en thérapie m'avait préparée, le cas échéant. Je pourrais l'imaginer en train de faire caca, ce qui lui enlèverait un pouvoir certain sur moi.

VS
PLOUF!

Ou l'imaginer en train de se faire épiler le sillon interfessier ?

Salut Nath, fais comme si j'étais pas là !
Même pas peur.

Jour 1

J'étais surtout contente de reprendre une vie « normale » au plus vite , d'où mon envie de retour au travail. La petite travaillomane que j'étais encore souhaitait très vite faire « oublier » cette absence dans les effectifs. J'avais, à l'époque, toujours l'illusion d'être un maillon indispensable à mon entreprise et que l'on attendait mon retour avec impatience.

Dès l'arrivée dans le métro qui m'emmenait au bureau, je commençai à avoir une impression bizarre.

En marchant dans les couloirs du métro, je me sentis happée par cette marée humaine.

Je décidai de me mettre à avancer à mon rythme.

POUSSEZ-VOUS ! SOIT VOUS AVANCEZ AU MÊME RYTHME, SOIT VOUS DÉGAGEZ !
PAF

J'arrivai enfin au bureau où mes chères collègues devaient m'attendre.

Ma manager avait changé, une femme adorable.

Bonjour Caroline, ça va ? Je viens de lire le mail de la médecine du travail. Donc tu reviens en mi-temps thérapeutique ?
Il va falloir que je te trouve un poste « adapté », comme si on avait des demi-postes ou des demi-missions, nous !
Ils sont comiques à la médecine du travail !
Oui, je comprends. J'aimerais aussi savoir où sont mes affaires car mon bureau a été réattribué.
Ah oui, bouge pas.
Martine, tu peux me dire où sont les affaires de Caroline Le Flour, s'il te plaît ?
Oui, aux archives.
AUX ARCHIVES ???
Elle a dû se tromper. Elle voulait sûrement dire : « Oui, j'arrive ! »

Alors là, un phénomène assez bizarre s'est produit. Je m'étais absentée presque un an et, à mon retour, c'était comme si les choses devaient reprendre là où elles s'étaient arrêtées. Comme si tout ce temps n'avait duré qu'un instant pour eux.

Au fait, t'avais reçu le bouquet de fleurs qu'on t'avait envoyé quand tu as été hospitalisée ?
Oui, je vous avais remerciés. Ça fait un an et demi maintenant...
Ah ! C'est dingue comme le temps filoche...
Bon, je t'ai sélectionné une mission, sans stress, sans pression, pour une reprise progressive.

Jour 2

Je décidai de m'octroyer une petite pause-café, histoire de revoir les collègues et me remettre à jour des commérages en cours, Radio-Moquette, j'écoute ! J'appris que Micheline avait divorcé pour la troisième fois, que tel stagiaire n'avait pas été gardé...

Hello !
Salut... Christine... Euh, non Sophie... Camille ?
Toujours pas... Caroline, moi, c'est Caroline.
C'est ça ! Ça va ? T'es partie tellement longtemps que j'ai eu le temps d'oublier que je t'avais oubliée ! C'est fou !
Je dirais même plus ! C'est fou, fou...

Hello Caro ! Oh ! Je suis trop contente de te voir ! Mais c'est incroyable !
Hello ! Merci pour l'accueil !
J'ai du mal à y croire, je pensais que tu étais partie en même temps que Bernard !
Ah il est finalement parti en préretraite ?
Non, il est mort l'année dernière !
Bon je te laisse, j'ai un copil' strat' task force meeting.
...

Hello !
Hello !
On s'est pas déjà vues ?
Euh... Ah oui, on a bossé ensemble sur un projet il y a deux ans. Clotilde ?
Oui.
Oui, et toi Caroline, c'est ça ?
Ça fait longtemps, que faisais-tu ?
J'étais en traitement pour un cancer.
Ah oui, c'est toi... Euh... Bon bah, je te laisse. Salut.
...

Salut Caro, Céline m'a dit que je pouvais te laisser mon dossier car je pars en vacances demain et t'es pas trop chargée.
Ok...
Je te laisse ce dossier à suivre, je pars en formation. Je te fais un petit mail pour te briefer ! Tchuss !
Euh...
Je pars en thalasso...
?
Je vais faire un stage d'aqua-poney.
??
Je vais faire caca.
??!!!!

Plus les jours passaient, plus je me sentais à côté de la plaque au boulot. Je n'étais plus adaptée à ce job, à sa finalité. Cette reprise ne m'avait pas aidée sur le plan moral. Je me sentais dépitée. Il me fallait absolument retrouver une certaine dose de plaisir dans ma vie pour avancer, me laisser le temps de me reconstruire et peut-être me reconvertir.

On n'avait pas dit une reprise progressive ?

Et je me suis souvenue que, pendant mon traitement, j'avais écrit une liste. La liste de mes « en-vie », rien de tel pour remettre du plaisir dans ma vie !

✓ Vivre, rire, aimer
✓ Écrire, jouer
✓ Louer chaque jour
✓ Être heureuse de vieillir
✓ Regarder le verre toujours à moitié plein
✓ Se rappeler que la vie n'est qu'une goutte d'eau suspendue
✓ Danser sous la pluie !
✓ Rencontrer l'homme de ma vie.
Plus de temps à perdre !

J'Y CROIS ENCOOOORE, ON EST VIVANT QUAND ON EST FOOOORT !

Je vais y ajouter « prendre des cours de chant » aussi, sur cette liste.

La résilience

Par quoi allais-je pouvoir commencer ? Vivre, ça c'était fait, rire et aimer également. Je décidai donc d'écouter la voix du plaisir qui ronronnait en moi et ne demandait qu'à jaillir. Je ressortis toutes les notes que j'avais prises durant mes séjours à l'hôpital. J'avais en effet pris soin de transcrire tout ce qui me faisais rire pendant mes traitements, pour ne pas oublier et pouvoir raconter tout cela à ma famille. Comme une sorte de témoignage posthume humoristique que j'avais prévu de partager avec eux, pour les faire rire, au cas où je n'aurais pas passé le cap.

Je me posai devant mon ordinateur et c'était parti ! Je poursuivis mes écrits. Ces moments étaient et sont comme une cour de récréation pour moi. Écrire et rire : quel plaisir !

Ce que je ne savais pas encore, c'est que ces écrits étaient le premier pas vers les plus belles aventures de ma vie !

Un matin d'hiver, alors que j'étais en plein effervescence d'écriture, ma sœur est passée boire un thé.

Tu fais quoi ?
J'écris...
Super ! Je peux lire ?
Ça me ferait plaisir, mais tu fais comme tu le sens. Je comprends.
Oh ! Mais c'est rien du tout, je t'assure...
Ok, je vais t'en imprimer un extrait.

Ma sœur a commencé à lire. Un instant qui me parut une éternité s'est écoulé. Je la regardais avec un trac immense alors qu'aucun enjeu n'y était associé, mis à part la décevoir ou la brusquer avec mon humour un peu noir.

Caro !
Mais c'est génial ! J'adore !
Oui ?
Ah bon ?
Faut absolument que tu partages ça ! Ça peut aider beaucoup de personnes !
Ok... Je vais y penser.
L'idée a alors germé.

Vivre en terre happy

Deux ans après la fin des traitements, j'avais enfin le droit de devenir maman. Mon chéri de cette époque et moi étions au taquet ! Le programme était clair : essayer, essayer, essayer de faire un bébé. Après le cancer, je me disais que tout était possible ! J'allais prendre une revanche sur la maladie ! À chaque ébat, je me disais que nous étions peut-être en train de créer une prolongation de nos vies, un nouvel être qui serait le doux mélange de deux autres. Mais, après deux ans et demi de tentatives vaines, de FIV (fécondation in vitro), d'accueil de don d'ovocytes, de fausses couches plus ou moins précoces, le projet maternité était comme qui dirait « avorté ».

Peu de temps après la dernière FIV, mon compagnon et moi nous sommes séparés. J'ai ressenti un vide intersidéral. J'avais peur de finir « vieille fille seule bouffée par mes chats ».
J'avais également cette horrible sensation de reculer sur le planning de ma vie. Je pouvais rayer la ligne petit ami et bébé. En revanche, il y avait quand même des choses sur lesquelles j'étais carrément en avance.
MIAOU
MIAOU

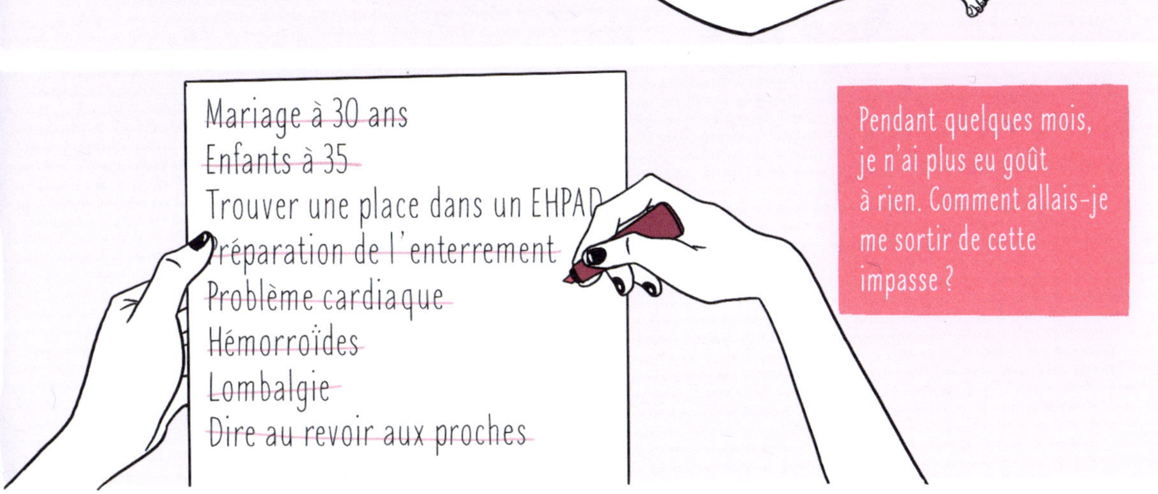
~~Mariage à 30 ans~~
~~Enfants à 35~~
Trouver une place dans un EHPAD
~~Préparation de l'enterrement~~
~~Problème cardiaque~~
~~Hémorroïdes~~
~~Lombalgie~~
~~Dire au revoir aux proches~~
Pendant quelques mois, je n'ai plus eu goût à rien. Comment allais-je me sortir de cette impasse ?

Un matin où je gobais ma tasse de café, la sonnerie de mon téléphone retentit. C'était une invitation de Valérie Roumanoff à venir tester l'hypnose dans son cabinet. Le souvenir de Valérie me revint, une femme d'une douceur enveloppante, d'une sérénité contagieuse. C'était ce qu'il me fallait. Après tout, mon mental turbinait à plein gaz depuis des semaines. Je décidai d'y aller pour tester.

Au bout de quelques séances, j'ai commencé la construction de mon « refuge intérieur » : un endroit verdoyant, ensoleillé, apaisant… J'étais toujours contente d'y retourner, de m'y réfugier et de pouvoir continuer de l'aménager quand je commençais à trop cogiter. Lors des séances suivantes, à ma grande surprise, je me suis abandonnée. J'ai lâché. Les choses étaient très claires : j'avais perdu toute forme de plaisir, je devais le retrouver. Je me suis alors demandé à quand remontait la dernière fois où je m'étais sentie vraiment gorgée de cette énergie de vie ! Il était évident que c'était lorsque j'étais en train d'écrire. À partir de ce moment-là, dès que je me sentais décliner, je déposais mes états d'âme sur le papier.

Je décidai de partager mes textes avec Valérie. Elle était mon ancienne directrice d'école de théâtre, je pourrais ainsi avoir un retour objectif sur mes écrits et être conseillée sur ce qu'il serait possible d'en faire. Valérie les lut et jugea qu'ils étaient à mi-chemin entre un récit de vie et un seule-en-scène. Elle me mit en relation avec Mathieu Vervisch, auteur et metteur en scène. Un an plus tard, naissait *La Chauve SouriT*, un seule-en-scène dans lequel je raconte avec humour et beaucoup de désinvolture mon combat contre le cancer. Six mois plus tard, j'étais conviée par Benjamin Gandouet à ouvrir le congrès international du cancer à Toulouse (comme j'aime à le dire : « la fête du cancer »), devant cinq cents personnes. Cette première fut un véritable triomphe ! Depuis, je joue ce spectacle dans toute la France. Quels échanges avec le public, que de rires, d'émotions, d'énergie partagés ! J'offre au public l'inspiration de mon histoire, de mon vécu de « galéreuse » en série et, en retour, je reçois de l'amour, de l'énergie à profusion. Ce spectacle est le fruit de mes peurs, de mes espoirs, de mes rires, de mes larmes. Il fait partie intégrante de mon parcours de résiliente multirécidiviste. L'humour et l'écriture m'ont toujours sauvée et m'aident chaque jour à me développer.

#RÉSILIENTEMULTIRÉCIDIVISTE
Tumoral, du latin tumora qui signifie : « Tu mourras ou pas... On verra ! »
Je vais chercher l'interne !
C'est pas légal ça, vue la couleur !
Ah, bah, il doit être malin parce que je ne l'ai pas vu venir cet enfoiré !
Oh ! Non, pas toi, Caro, t'étais trop sympa !
Caro, ça va aller, j'ai regardé sur Internet, t'as 5 % de chance de survie !
PRODUCTEUR WANTED*
(* si seulement un producteur n'avait pas peur de la maladie.)

Conclusion

Je suis heureuse d'avoir pu partager cette tranche de vie avec vous.
Merci de vous être plongés à rire perdu dans mon histoire.

Lorsque j'ai adapté mon *one woman show* en BD, je me disais, ayant joué ce spectacle de nombreuses fois, que les dialogues, les mots, allaient se coucher de manière facile et évidente sur la page. C'est tout le contraire qui s'est passé.

J'ai vécu ce que j'appellerais « le syndrome de la page juste ». Comme lors de l'annonce de mon cancer, j'ai eu peur de la manière dont j'allais aborder un tel sujet. J'ai eu peur de vous choquer, la lecture d'une BD se faisant dans une plus grande intimité.

Puis je me suis reconnectée aux rires du public, aux rires des personnes avec lesquelles j'échange après le spectacle.

Je me suis souvenue du moment où j'ai relu mes propres écrits pour la première fois. Je m'étais surprise à rire toute seule. Je me souviens très bien de cet instant, je n'arrêtais pas de frissonner. Je me sentais comme mise à nue. J'étais toute seule face à une feuille de papier et, pourtant, je me sentais gênée, intimidée. Je crois que c'est parce que j'avais l'impression de m'entendre rire, comme si je riais en pleine conscience pour la première fois. Comme dans ces moments en famille ou entre amis où, dans son cœur, on fige l'instant, où l'on prend le temps de goûter à cette énergie de vie.

Vous avez pu le constater, dans cette BD, le rire m'a aidé à tenir, à me relever, à avancer lorsque je sentais que j'allais flancher. Il m'a permis de dire un grand « non » à la mort et un « oui » franc et total à la vie.

Face à cette page blanche, j'ai donc décidé de rester moi-même, de continuer d'oser, de me lancer, en toute authenticité avec, une fois de plus, l'envie folle de transmettre.

Selon moi, dans les moments difficiles, il est encore plus important, pour se sentir vivant, de pouvoir s'autoriser à rire à vie déployée.

Quelques détracteurs m'ont condamnée de rire d'un tel sujet. Je leur ai toujours répondu : « Mais c'est justement parce que c'est grave qu'il faut en parler, et le rire le permet ! »

Je ne prône pas le rire, je le propose. Chacun est libre ou non de s'y frotter. Mais si vous n'êtes pas habitué à rire, je prends le risque de vous le prescrire. Attention, l'essayez c'est l'adopter ! Plus vous le pratiquerez, plus vous l'ajusterez. Vous trouverez le vôtre, le rencontrerez, l'apprivoiserez, le libérerez. Vous l'adopterez, vous le sentirez vibrer, il vous le rendra et, contrairement au cancer, le rire lui est contagieux. Alors je vous souhaite d'avoir envie de le partager à souhait !

Je suis heureuse d'avoir pu partager ce morceau de vie avec vous. J'espère vous avoir fait sourire, rire, vous avoir aidés, accompagnés, inspirés et sensibilisés. À présent, il vous reste à cultiver votre lumière et à la diffuser le plus possible. Soyez authentique et sincère, heureux d'être sur terre. Je n'ai plus qu'une dernière chose à vous dire...

MERCI !

Je crois qu'on la tient, cette BD !
Yes !
Merci à toi ! Pour ton trait, ta créativité ! Je trouve tes dessins si délicats, féminins et drôles à la fois. Ils épousent un mouvement invisible, ils arrivent à parler en silence.
Merci à toi également. J'ai tellement aimé collaborer avec toi. Tes textes sont si vivants et pleins d'espoir.

Remerciements

Merci à vous d'avoir choisi de découvrir cet ouvrage.

Merci aux éditrices Marie Pichon, Claudia Trédaniel et Florence Lecuyer pour leur confiance et leur accompagnement très précieux, et à Chloé Brami.

Merci à Gaëlle Le Louët, l'illustratrice de cette BD, qui a accepté de collaborer à ce nouveau projet qui me tient tant à cœur.

Merci à Bénédicte Souffrant pour la mise en pages.

Merci à mon mari, Youenn Le Gall, pour son amour et soutien inconditionnels, à ma jolie-fille, Efflam, pour son regard sensible et pertinent.

Merci à ma famille et à mes amis pour leur présence, leur affection.

Merci à ma soeur Cathy Le Flour-Moeuf, à Julien Godillon, mon ami d'enfance, et à Valérie Roumanoff de m'avoir poussée à partager mon histoire.

Merci à Mathieu Vervisch de m'avoir aidée à écrire le *one woman show La Chauve SouriT*, en en co-écrivant une partie.

Merci au docteur Marie-Claude Gavard de m'avoir permis d'être diagnostiquée et en vie aujourd'hui et à tous les médecins auxquels j'ai fait confiance, Dr Claire Fieschi, Dr Rendu Éric, Dr Martins Raphaël, aux infirmières, aux soignants.

Merci à Philippe Caverivière et à Charlotte Dhenaux pour leur préface drôle et sensible, merci de m'aider à démocratiser la prise de parole sur un sujet encore trop tabou.

Merci à Alain Toledano pour sa jolie préface.

Merci à toutes les personnes qui ont participé de près ou de loin à ce troisième livre.

Cette liste n'aurait pas de fin si je la poursuivais...

Comme promis, merci aux donateurs de la cagnotte pour la BD *La Chauve SouriT* qui a permis d'offrir des BD à des malades et accompagnants, avant sa sortie en librairie. Merci à Nina Lemarquis, Association Soroptimist, Katie-Barbara Furlan, Solis Construction, Tradiland, LJC Construction, Stéphane Le Flour, Nicolas Treillard, Aude Pélagie, Henistsoa Raobelinoro, Artus Léane, Cerclé Aurélie, Artus Armelle, Hélène Gerbal, Claire Grama, Club Handicap et Compétences, Julie Vega, Alexandra Lopez, Julie Vega, Anne Litou Dwelshauvers, Pascale Watrin, Lionnel Landais, Diane Welfringer-Lapaque, Sandrine Kiburse, Martine Shmitt, Jessica Giraud, Manuela Séguinot, Elise Maruani, Constance Martin, Audrey Bregeat, Diane Ouch, Frédéric Boudoukh, Vivien Laplane, Michel Jouanneaud, Sandrine Thach Monestier, Anna Closa, Sonia Torti, Erwan Le Moine, Claire Morinière, Betty Doornenbal, Alison Grange, Richard Evrard, Association Ellye, Justine Mathon, Luz d'Ans, Association Cmynewme, Caroline Martin, Aurélie Guiheneuf, Magalie Girod, Sophie Eber, Guillaume Avoine, Ludovic Vallée, Sébastien Vivo, Julie Michel, Christelle Filliodeau, Gérard Hainaux, Kristel Bonin, Valérie Mahevo, Stéphanie Binon, Arnaud Dubourg, Arnaud Vicente, Sandrine Duchemin,

Patrice Normand, PK Groupe, Ghislaine Bartolo, Rachel Couillaud, Sophie Poiroux, Amandine Adamo, Yves Robert, Alexandra Desroy, Katya Talarmin, Cécile Jarrion-Snoci, Elisabeth Lebret, Françoise Delage, Nat Zlatic, Marie-Annick Pireau, Elodie Auplat, Christine Rolland, Blandine Laurent, Bénédicte Renard, Laurence Huriez, Ludivine Louboutin, Mélanie Sorre, Agnès Pierre, Aline Merlet, Céline Gomez, Magali Bobard, Martine Guillou, Nelly Vandervinck, Séverine Martin, Dorothée Loumeaud, Frédéric Le Flour, Delphine Vanier, Valérie Cornaille, Gaëlle Langlois, Paulo Rodrigues, Stéphanie Loquet, Audrey Coelho Da Silva, Damien Moeuf, Catherine Le Flour, Restaurant le Balaou, Alicia Le Meur, Catherine Kieffer, Margaux Lassauge, Stéphane Rivière, Talentéo, Agence T by Talentéo, Vanessa Hervagault, Véronique Micheneau, Fabienne Decroix Agnès Fauveau, Clémence Odezenne, Christelle Elie, Stéphanie Sibaud, Sonia Pavan, Marilyne Borne, Philippe Drillon, Pierre Masse, Adequat, Victoire Merz, Nicolas Guillou, Sylvie Galea, Emma Pinto, Danielle Maitrepierre, Anne Sophie Turchetto.

Merci aux acteurs qui ont contribué à la communication et à la coordination de ce projet, j'ai nommé Karine Ansel, Patricia Acensi-Ferre, Vanessa Hervagault, Etienne Klein, Guy Bouguet, Christophe Pozuelos, Stéphane Rivière.